Nicole Maibaum

25 Wege, sich an seinem Ex zu rächen

Nicole Maibaum

25 Wege, sich an seinem Ex zu rächen

und andere Kleinigkeiten, die den Abschied leichter machen

mvg Verlag

Bibliografische Information Der Deutschen Bibliothek
Die Deutsche Bibliothek verzeichnet diese Publikation in der Deutschen Nationalbibliografie; detaillierte bibliografische Daten sind im Internet über http://dnb.ddb.de abrufbar.

Die Zitate aus der Bibel stammen aus folgender Ausgabe: Die Bibel oder die ganze Heilige Schrift des Alten und Neuen Testaments nach der Übersetzung Martin Luthers. Stuttgart 1977.

Vielen Dank an Monika Thurke, Sybille Weber und Wolfgang Schwackenberg für die Erlaubnis, ihre Zitate in diesem Buch zu verwenden.

Konzeption und Realisation: Christine Proske (Ariadne-Buch, München)
Redaktion: Kathrin Nord

Umschlaggestaltung: Vierthaler & Braun, München
Umschlagfoto: getty images
Satz: mi, Doris Ott
Gesamtherstellung: Himmer, Augsburg
Printed in Germany 73110/030304
ISBN 3-478-73110-0

Inhalt

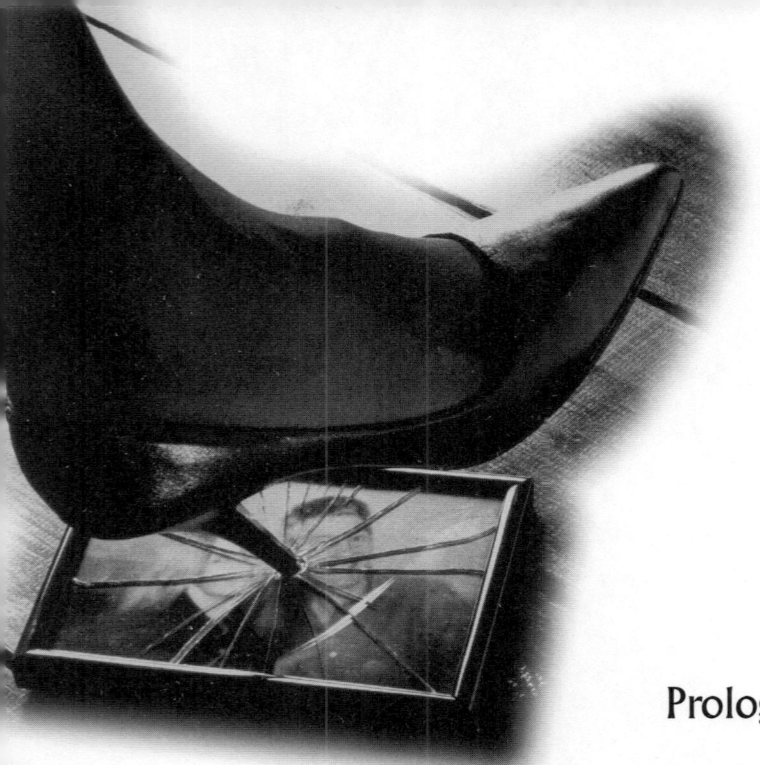

Prolog:

Der Mythos der Medea

Es geht die griechische Sage, dass Göttin Hera einen schützenden Nebel über die Stadt Kolchis legte, so dass niemand die Ankunft Jasons, des Königssohns aus dem thessalischen Iolkos, bemerkte. Dieser war aufgebrochen, um sich das Goldene Vlies von König Aietes zu holen. Würde er mit diesem in die Heimat zurückkehren, wollte sein Onkel Pelias, der Jason um die Thronfolge gebracht hatte, sein Versprechen einlösen und Jason den Thron überlassen. Im Palast von Aietes angelangt, gab Jason sich zu erkennen. Wie Jason von Pelias befohlen war, forderte er das Goldene Vlies vom König. Zu gleicher Zeit entbrannte in Medea, der Tochter Aietes, die Liebe zu Jason.

König Aietes versprach, Jason das Vlies zu übergeben, wenn dieser eine bestimmte Aufgabe erfüllt habe: Jason sollte zwei Flammen speiende Stiere vor einen Pflug spannen und auf einem Feld Drachenzähne säen, so dass eiserne Lanzenmänner wuchsen – eine für einen normal Sterblichen nicht zu erfüllende Aufgabe. Daher beschloss Medea, Jason zu helfen. Aufgrund ihres königlichen und göttlichen Ursprungs galt sie als Zauberin und Priesterin von Hekate, der Göttin der Magie. Medea bereitete für Jason ein Öl zu, das ihn unverwundbar machte, und gab ihm Ratschläge für den Kampf gegen die Eisenmänner.

Am Morgen rieb sich Jason von Kopf bis Fuß mit dem Öl ein und tauchte sogar seine Waffen in den Zaubersaft. Als dann die Stiere schnaubend aus dem Stall stürmten, bezwang er sie mit unmenschlicher Kraft und brachte sie unter das Joch des Pflugs. Der Feueratem der Stiere konnte Jasons Körper nichts anhaben. Jason pflügte das Feld und säte Drachenzähne, aus denen die bewaffneten Eisenmänner wuchsen. Als dies geschehen war, führte Jason Medeas Plan aus: Er warf einen Stein zwischen die Krieger. Sogleich entbrannte ein Streit, denn der Getroffene verdächtigte seinen Nebenmann und dieser wiederum seinen Nachbarn, ihn angreifen zu wollen, und bald war das Feld mit erschlagenen Eisenmännern bedeckt.

Medea war außer sich vor Freude, wusste aber um die Wut ihres Vaters. Er würde Jason nicht so einfach ziehen lassen. Daher warnte Medea ihren Geliebten, und gemeinsam stahlen sie das Goldene Vlies. Jason versprach Medea, sie als seine Ehefrau mit nach Hause zu nehmen.

Als Aietes den Raub entdeckte, schickte er den Flüchtenden seine Flotte hinterher. Doch Medea und Jason entkamen ihren Verfolgern, indem die Königstochter ihren eigenen Bruder Apsyrtos tötete, der mit an Bord eines der Schiffe war.

In Iolkos angekommen, trat Jason mit dem Vlies vor König Pelias und forderte von ihm den Thron. Doch dieser dachte nicht daran, sein Versprechen einzuhalten. Jason besann sich auf Medeas Zauberkräfte, und sie tat Folgendes: Sie schlachtete einen alten Widder und kochte ihn mit Kräutern in einem Kessel. Durch Medeas Geheimrezept verwandelte dieser sich in einen jungen Widder. Da Pelias Töchter dies sahen, wollten sie, dass Medea ihren Vater auf gleiche Weise verjüngte. Medea gelobte, der Bitte nachzukommen. So töteten die Töchter ihren Vater und warfen ihn in den Kessel. Aber Medea löste ihr Versprechen nicht ein. Die Kräuter, die sie für diesen Zaubertrank nahm, waren wirkungslos.

Daraufhin mussten Jason und Medea nach Korinth flüchten. Dort lebten sie jahrelang glücklich, und Medea gebar zwei Kinder.

Es kam jedoch die Zeit, als Jason den Reizen der jungen Glauke, einer Tochter des Korintherkönigs Kreon, erlag. Ohne Medeas Wissen warb Jason um die Königstochter. Als Kreon in die Heirat einwilligte, bat Jason Medea, freiwillig auf die Ehe zu verzichten. Medea tobte vor Wut. Doch dann konzentrierte sie ihre Kräfte auf die Rache und entsann einen finsteren Plan. Zum Schein ging sie auf Jasons Forderungen ein und übergab ihm als Brautgeschenk für Glauke ein kostbares Kleid. Dieses hatte sie jedoch mit Gift getränkt, so dass ihre Nebenbuhlerin einen fürchterlichen Tod starb. Im Rausch der Rache tötete Medea auch ihre Kinder. Als Jason seine Kinder so daliegen sah, verzweifelte er und tötete sich selbst. Medea aber flüchtete mit einem Drachenwagen in die Wolken.

(frei nach Euripides, 431 v. Chr.)

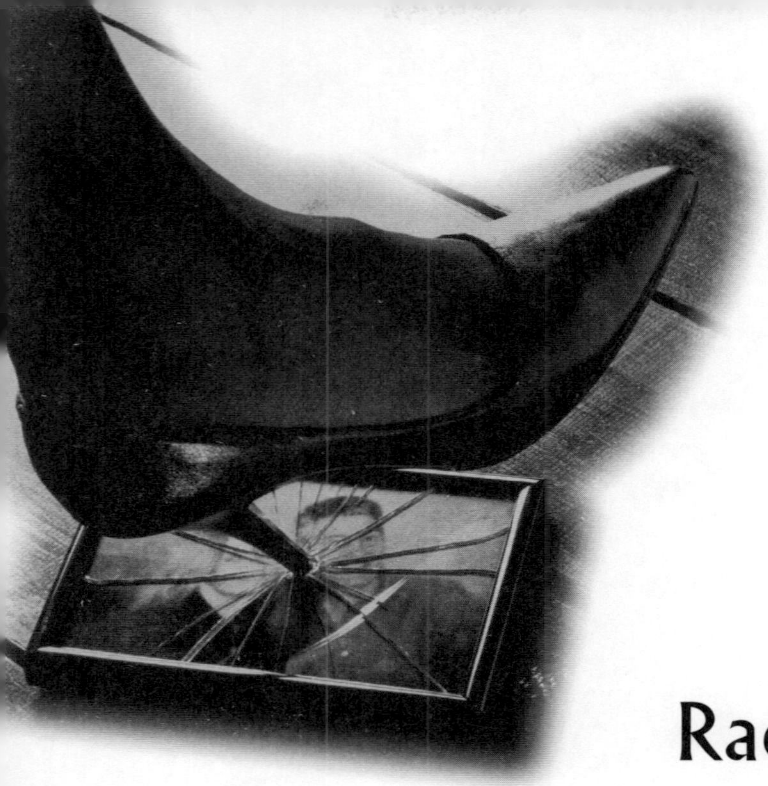

Rache ist süß!

Von wegen Märchenprinz! Eher Mistkerl, Schuft, Schwein! Und selbst das sind noch viel zu harmlose Bezeichnungen für einen Ex wie ihn. Er hat Sie also betrogen? Mit einer Jüngeren? Mit seiner Arbeitskollegin? Mit irgendeiner anderen Frau? Er hat Sie verlassen? Weil es zwischen Ihnen angeblich nicht mehr stimmte? Weil es da eine Neue gibt? Weil er seine Freiheit braucht?

Aus welchem Grund auch immer er Sie verletzt hat: Er ist ein ... – na, Sie wissen es selbst am besten. Doch ab heute soll Schluss sein mit dem Grübeln, Suchen nach eigenen Fehlern und Selbstzweifeln, das Fragen, was sie hat und Sie nicht. Lassen Sie das Blättern in alten Fotoalben und Herumstöbern in Ihren Erinnerungen an den Ex. Und hören Sie endlich auf zu überlegen, warum er nicht mehr bei Ihnen ist, sondern jetzt, wahrscheinlich gerade in diesem Moment, bei einer anderen, sie küsst und ihr abgedroschene Treueschwüre à la „Du bist meine Einzige" ins Ohr haucht. Bitte, Sie kennen das doch. Sie kennen seine Tarzan-Tour.

Der erste Schritt in die richtige Richtung

Und trotzdem, ja, es tut weh. Er hat Sie verletzt. Deshalb ist nun die Zeit gekommen, es ihm heimzuzahlen. Wünschen Sie ihm ruhig einen fiesen Herpes. Einen nässenden mit aufplatzenden Bläschen und Dauergarantie! Soll sein „Fritz", „Willi", „Hans" oder auch namenloses Ding von einem juckenden Pilz befallen und mit einer Dauerschlaffheit gestraft werden.

Wunderbar! Jetzt sind Sie auf dem richtigen Weg. Denn statt sich zu grämen, sollten Sie lieber dem nachgehen, woran Sie sicher ebenfalls denken: Rache!

Dabei dürfen Sie Ihrem Verflossenen ruhig die Pest an den Hals wünschen. Solche Gedanken und Verwünschungen sind völlig in Ordnung. Das bescheinigt Ihnen auch ein Arzt: Denn Rachegelüste sind menschlich, gesund und weit verbreitet. Eine Umfrage unter deutschen Frauen zwischen 18 und 40 Jahren ergab: 96 Prozent kennen das Gefühl, sich rächen zu wollen. Und 87 Prozent haben ihre Rachegelüste schon einmal in die Tat umgesetzt.

Sollten Sie also gerade der Vorstellungskraft erliegen, wie Sie Ihrem Verflossenen eine Ladung Hundehaufen vor die Haustür kippen und er morgens hoch motiviert erst einmal eine glatte Bauchlandung vollführt, ist das zwar eine ziemlich stinkige Angelegenheit, jedoch für Sie kein Grund zur Besorgnis. Sie sind in bester Gesellschaft, quasi im Trend. In Tokio zum Beispiel gibt es einen speziellen Frauen-Racheclub (dazu später mehr). Außerdem raten Psychotherapeuten zum Ausleben der Rachegedanken (auch dazu später mehr). Für etliche Promi-Frauen war und ist die ausgelebte Rache an ihrem Ex-Mann das legitime Ende einer Liebe. Auch darüber gibt es in diesem Buch etwas zu lesen.

Doch vorab noch eine Warnung! Dieses Buch soll amüsieren und unterhalten. Weder die Autorin noch der Verlag dürfen für irgendeine Handlung, die von Ihnen als Leserin begangen wurde, verantwortlich gemacht werden. Eigentlich versteht es sich von selbst, dass Sie nicht irgendeinen Racheakt nachahmen, der eindeutig gefährlich und strafbar ist. Auch sollte keiner an Ihrem Respekt für menschliches und tierisches Leben zweifeln können.

Ein kurzes Loblied auf die Männer

Und damit wir uns klar verstehen, folgt noch ein Loblied! Männer sind grundsätzlich gesehen etwas Wunderbares. Es ist gut, dass Gott an sie gedacht hat, da es

- ohne sie uns nicht geben würde und
- Männer mindestens zwei unvergleichlich wertvolle Funktionen erfüllen, was wir nicht missen möchten. Eine davon ist, den Kühlschrank sowie andere schwergewichtige Haushaltsgeräte oder Möbel die Treppen hinaufzuschleppen. Und das soll doch bitte auch weiter so bleiben.

Daher will dieses Buch die Herren der Schöpfung nicht erniedrigen, und es ist in keinem Fall eine Fibel zur Vernichtung des männlichen Geschlechts.

Rache ist gesund!

Wollen Sie Magengeschwüre? Sind Sie etwa scharf auf Darmerkrankungen? Eher nicht, nehme ich an. Daher sollten Sie sich auch schleunigst ganz und gar Ihren Rachegelüsten hingeben. Denn sonst riskieren Sie noch Ihre gute Gesundheit. Davor warnt auch die Fachfrau: „Gefährlich wird es tatsächlich, wenn sich der Wunsch nach Rache nach innen richtet“, so die Berliner Psychologin Monika Thurke und sie fügt an: „Wenn sich die Seele nicht direkt ausdrücken kann, muss sie es über den Körper tun.“

Die Folgen können besagte Magengeschwüre oder Darmerkrankungen sein, aber auch Essstörungen, Autoaggressionen, Depressionen sowie selbstzerstörerische Süchte, zum Beispiel Medikamenten- oder Alkoholmissbrauch.

Rache hält gesund! Oder wie Terry Rotherham sagen würde: Rache ist reine Psychohygiene! Die Schweizer Psychotherapeutin setzt sich bereits seit mehreren Jahren für den bewussten und aufgeklärten Umgang mit Rachegelüsten ein. Sie meint, es solle spezielle Seminare geben, in denen Menschen lernen, mit ihren Rachegefühlen umzugehen. „Denn wer immer nur einsteckt, wird krank“, begründet die Psychologin. (Stern, Ausgabe 47/1995) Sie weiß, wovon sie spricht: In ihrer Züricher Praxis hat sie diese These bei dutzenden ihrer Patienten bestätigt gesehen. Nun aber dem Glauben zu erliegen, die Schweizer seien ein spezielles Völkchen mit speziellen Sorgen, wäre falsch. Auch Psychoanalytiker Harvey Rich aus Washington hat häufig mit den Problemen von Gekränkten zu tun und rät seinen Patienten, ihrer Wut Ausdruck zu verleihen. In der Stern-Ausgabe 47 aus dem Jahr 1995 erklärt Rich: „So zeigt man ‚Ich bin auch wer, das kannst du mit mir nicht machen‘.“

Das klingt überzeugend, trotzdem stellt sich die Frage danach, warum viele Menschen, denen Unheil aus Fremdverschulden zustößt, nahezu selbstverständlich gleich an Rache denken. „Es ist die Kränkung“, erklärt Psychologin Monika Thurke. „Die Kränkung, die als Erniedrigung der eigenen Person empfunden wird, ist Ursprung des Vergeltungsdranges.“ Und diesen Vergeltungsdrang gibt es schon verdammt lange, und er sitzt tief in uns …

Einführung ins Thema mit Mose, Montezuma und ein wenig Shakespeare

Nachdem man einen Blick in die Geschichtsbücher geworfen und einige Klassiker der Weltliteratur gewälzt hat, wird schnell deutlich: Rache gehört seit jeher zum gesellschaftlichen Leben, findet sich somit auch in den Werken der Weltliteraten wieder.

Rache in der Bibel

Bibelfeste werden an dieser Stelle gleich auf das Alte Testament verweisen. Hier ist es beispielsweise die Geschichte der Brüder Kain und Abel. Zwei, die sich aufgrund ihrer nahen Verwandtschaft eigentlich richtig lieb haben müssten. Doch da Schafzüchter Abel von Gott gelobt wird und Ackermann Kain nicht, sinnt Kain auf Rache. Er lockt seinen Bruder auf ein Feld und schlägt ihn tot.* Starker Tobak, doch einige Fachleute glauben, dass diese Geschichte nicht umsonst gleich am Anfang der Heiligen Schrift steht: Denn ein Kain steckt in uns allen. Es sind Neid und Eifersucht, die uns Menschen oftmals zur Vergeltung treiben. Die Legitimation für ihr Handeln holen sich etliche ebenfalls aus der Bibel, wieder im Alten Testament und wieder bei Mose (2. Buch, Vers 21): „Auge um Auge, Zahn um Zahn" heißt es hier bekanntermaßen, gefolgt von „Hand um Hand, Fuß um Fuß, Brandmal um Brandmal, Beule um Beule, Wunde um Wunde".

Um eifrige Leser der Gottesschrift aber umgehend zu besänftigen: Diese Worte sind kein Freifahrtschein für ein blindes Vorgehen nach dem Motto „Du warst nicht nett zu mir, deshalb kann ich dir ungestraft eins auf die Mütze hauen, so steht es ja in der Bibel". Nein. Die Bibelworte rufen nicht zur Rache auf. Sie fordern vielmehr

* Dies als absolute Kurzfassung des 1. Buchs Mose, Vers 4.

eine angemessene Strafe für ein Verbrechen. Ungeschoren soll keiner davonkommen. Nach dem Prinzip der Gleichheit soll einem Täter das widerfahren, was er einem anderen angetan hat. Es geht also um ausgleichende Gerechtigkeit. An ihr ist der Bibel schwer gelegen, hängt doch von ihr ein menschliches Miteinander ab.

Die Rache des Montezuma

Das ist eine Meinung, die Montezuma ebenfalls vertrat. Sicher haben Sie schon einmal von der Rache des guten Mannes gehört. Besonders Fernreisende werden sich gut an ihn erinnern. Denn deutlich und auf gut Deutsch geht es um „Durchfall". Doch nur wenige kennen die Geschichte hinter der Geschichte:

Es war der 8. November 1519, als der spanische Eroberer Hernán Cortés die Stadt Tenochtitlán – das heutige Mexico City – erreichte und herzlichst vom Aztekenherrscher Montezuma II. empfangen wurde. Der Grund für die Freude war, dass Montezuma Cortés für den Gott Quetzalcóatl hielt, welcher der aztekischen Legende zufolge eines Tages aus dem Osten zurückkehren sollte.

Leider irrte sich Montezuma und stellte zu spät fest, dass Cortés und die übrigen weißen Männer gewöhnliche Sterbliche waren. Montezumas Irrglaube wurde seinem ganzen Volk zum Verhängnis. Es soll der 13. August 1521 gewesen sein, da Cortés über Tenochtitlán herfiel und die Stadt eroberte. Begünstigt wurde die Eroberung durch die von den Spaniern eingeschleppte Pockenkrankheit. So war der Großteil der 200.000 in Tenochtitlán lebenden Azteken zu schwach, um sich gegen die Angreifer zu wehren. Auch Montezuma starb. Dafür, dass Cortés Tenochtitlán aus dem Hinterhalt überfiel, rächt sich Montezuma und straft noch heute etliche

Mexiko-Eindringlinge alias Urlauber mit heftigen Magen-Darm-Problemen. Es sind also vorwiegend Neid und Eifersucht wie bei Kain oder Wut und Zorn wie bei Montezuma, die hinter der Rache stehen.

Alles eine Frage der Ehre?

In Shakespeares Werken kommt die Ehre hinzu – Vendetta, die Blutrache, gilt als gesellschaftlich verwurzelte Verpflichtung, sich für eine Straftat zu rächen. Dem Prinzip der Ehre zufolge wird der Gedemütigte, Geschädigte oder Angehörige quasi von seinem Umfeld genötigt, ein Vergehen zu vergelten – ob er will oder nicht. So auch in „Hamlet“: Prinz Hamlet erfährt, dass sein Vater vom eigenen Bruder ermordet wurde. Doch damit nicht genug: Der Mörder hat sich selbst auf den Thron befördert und die Ehefrau des Getöteten, Hamlets Mutter, zu seiner Frau gemacht. Nicht gerade ein Vorbild für familiäres Zusammenleben. Und so verlangt Hamlets Ehre nach Vendetta. Hamlet gerät in eine Zwickmühle, zu sehr kämpfen in ihm zwei Welten. Auf der einen Seite steht die Liebe zu allen Menschen und das Begreifen ihrer Existenz als das Höchste auf Erden, auf der anderen die Wut über den ungestraften Mord an seinem Vater. Hamlet ist übrigens nicht die einzige Figur in Shakespeares Werken, die sich mit der Blutrache auseinander setzen muss.

Rache – ein starkes Gefühl

Aber werfen wir doch einen Blick auf die zwei Herzchen Oliver und Barbara Rose alias Hollywood-Schauspieler Kathleen Turner und Michael Douglas. Bei ihrem „Rosenkrieg“ verwurstet Barbara angeblich den Hund ihres Gatten, und Oliver pinkelt ihr auf den Fisch. Gar nicht nett, das alles, und es drängt sich schwer der Eindruck auf, dass Liebe und Rache nahe beieinander liegen. Sowohl in der Liebe als auch bei den Rachegelüsten schwappen die Gefühle heftig über.

Nicht umsonst gibt es Sprüche wie „Der Hass ist die Wut des Herzens". Dieser stammt übrigens von dem 1824 verstorbenen englischen Dichter Lord George Byron und verdeutlicht das, was viele kennen: Getäuscht in den eigenen Gefühlen, tief verletzt durch den Irrglauben über die andere Person, betrogen um die Hoffnung auf Liebe und Sehnsucht nach Geborgenheit, muss dem Unmut Luft gemacht werden. Getreu dem Motto „Nicht mit mir, Freundchen" wird es dem Verursacher allen Übels „mit gleicher Münze heimgezahlt".

Nachgeforscht!

Trotzdem reichen Eifersucht und ein verletztes Ego nicht aus, um die Motivation von Rache zu erklären. Das wäre zu simpel. Hinzu kommen natürlich noch der Zorn, ähnlich wie bei Montezuma, der Neid wie bei Kain und die Ehre wie in Hamlets Fall.

Doch selbst diese Beweggründe reichen nicht aus, um dem komplexen Thema Rache gerecht zu werden. Das haben bereits etliche Wissenschaftler erkannt und sich der Sache angenommen:

Im Fachbereich Sozialpsychologie an der Universität Trier werden schon seit mehreren Jahren mögliche Ursachen und Mechanismen der Rache genauer unter die Lupe genommen. Dafür konstruieren Professoren gemeinsam mit ihren Studenten Experimente, bei denen Rachegefühle bewusst ausgelöst werden. Bei solch einem

Experiment wird den Versuchspersonen beispielsweise vorgetäuscht, nur durch die Schuld des Spielleiters schlecht abzuschneiden. Nach dem Test sollen die Probanden ihr Urteil über den Spielleiter abgeben. Das Ergebnis sieht wie folgt aus: Jeder zweite Teilnehmer entscheidet sich, Rache zu nehmen und den Spielleiter zu entlassen. Ein Entschluss, gegen den sich viele nicht wehren können, denn der Vergeltungsdrang sitzt zu tief. Das Urbedürfnis, gerecht behandelt zu werden, meldet sich unweigerlich zu Wort.

Rache und Gerechtigkeit

Es sind wahre Horrorgeschichten wie die über ein Ehedrama in Kalifornien, die dem Begriff „Rache" einen schlechten Beigeschmack verleihen. Bei einer Auseinandersetzung mit seiner Ehefrau erlag ein 65-jähriger Mann sechs Tage nach Einlieferung ins Krankenhaus seinen schweren Wunden. Er sei an Bissverletzungen gestorben, ließ die Polizei verlauten. Als Täterin galt die Ehefrau: Die 45-Jährige soll ihren an Diabetes und Herzschwäche leidenden Ehemann mehr als 20 tiefe Bisse zugefügt haben. Die Frau war angeblich in Rage geraten, nachdem der Mann ihren sexuellen Wünschen nicht Folge leisten konnte und wollte. Aus Rache biss sie zu.

Schlechter kann eine Werbung für Rache gar nicht sein. Ebenso verhält es sich mit den bekannt gewordenen Geschichten, wenn Schüler ihre Lehrer mit Morddrohungen konfrontieren, um sich etwa wegen deren Zensurengebung zu rächen.

In beiden Fällen wird die Rache in ein äußerst schlechtes Licht gerückt, und es scheint, dass leider einige die Worte der Bibel missverstanden haben. Sie glauben angesichts der Bibelworte „Auge um Auge“ an die Freikarte fürs Prügeln und schlussfolgern „Rache ist gleich Gewalt“. Wer das glaubt, hat nicht nachgedacht.

Doch die Rache ist ein paar Überlegungen wert. Sie soll Gerechtigkeit herstellen, nicht vernichten. So zählen die Werke Shakespeares zwar zur hochwertigen Literatur, stellen aber nicht das wirkliche Leben dar. Auch gibt es einen Unterschied zwischen dem Gerechtigkeitsempfinden in der Vergangenheit und der Gegenwart. In Romanen sorgt die Blutrache sicher für Spannung und Dramatik, aber sie widerspricht dem realen, heutigen Rechtssystem. Wer das noch nicht verstanden hat, wird zu Recht bestraft.

Die bissfreudige Ehefrau aus Kalifornien beispielsweise sitzt nun wegen Totschlags hinter Gittern. Vielleicht hätte sie sich einfach einmal mit der Berliner Psychologin Monika Thurke treffen sollen, die einige Seiten zuvor vor Magengeschwüren durch Missachtung von Rachegelüsten warnte. Denn die Fachfrau sagt auch, dass oftmals bereits die Vergeltungsphantasien die beste Therapie sind.

Allein das Nachdenken über Rache lindert nicht nur den seelischen Schmerz, sondern erfordert Kreativität, Vorstellungskraft und Mut, sich absurde Dinge auszudenken und das Erleben in der Phantasie zuzulassen. Und: Es macht auch noch Spaß. Der phantasierte Racheakt ist ein wesentlicher Bestandteil des Themas Rache, der aber leider viel zu oft vergessen wird. Hätte also die Frau aus Kalifornien lieber einmal öfter in einen knackigen Apfel gebissen und sich mit einigen Visionen zufrieden gegeben, wäre es für ihren Ehemann und nicht zuletzt für sie weitaus ungefährlicher gewesen.

Mister Knigge macht's vor

Scherzartikelgeschäfte und Fernsehsendungen wie „Rache ist süß" mit Moderator Kai Pflaume machten das Thema Rache salonfähig. In der Sendung werden Leute hinters Licht geführt, es regnet Mehl vom Studiohimmel, und wer auf dem Rache-Stuhl landet, sitzt wenige Minuten später nicht selten in fiesem Schleim – solchem, wie es ihn auch in den Scherzartikelgeschäften gibt. Diese Shops warten auch noch mit anderen für Racheakte durchaus geeignete Kleinigkeiten auf, zum Beispiel Juckpulver, Pupskissen, Pfefferbonbons und vieles mehr.

Warum gibt es Fernsehsendungen und Geschäfte, die sich der Rache verschrieben haben? Weil Rache auch Spaß machen soll. Sie soll ärgern, ein bisschen pieksen und vor allem die dicke Luft rauslassen. Dazu die Psychologin Monika Thurke: „Letztlich geht es in erster Linie wirklich darum, dass bei der verletzten Person Genugtuung in den Seelenhaushalt einzieht. Es ist der Weg, das inner-psychische Gleichgewicht wiederherzustellen und der Selbstachtung neuen Auftrieb zu geben."

Zweifeln Sie trotz Arztanweisungen, Bibelversen und Geschichtswissen noch immer an der Notwendigkeit des Nachdenkens über Rache, sollten Sie sich ein Beispiel an den Amerikanern und Engländern nehmen. Machen die den Mund auf und reden von Rache, sprechen sie von „riwensch", denn so wird das englische Wort „Revenge" ausgesprochen, das Rache bedeutet.

Genau, dieses hört sich doch verdächtig nach unserem deutschen Wörtchen „Revanche" an und ist auch tatsächlich damit in Verbindung zu bringen. Und eine Revanche anzukündigen, das gehört in unserer Gesellschaft zum guten Umgangston. Mehr noch: Eine Revanche ist eine nette Geste und wird meist auch vom Gegenüber erwartet. Das Revanchieren bei den tüchtigen Umzugshelfern oder dem netten Babysitter, nach einem verlorenen Tennissatz oder einer netten Einladung zum Essen – alles eine Selbstverständlichkeit, und es wäre fast unverschämt, den anderen einfach so ziehen zu lassen. Dafür zählt die Revanche viel zu sehr als Zeichen für stilvolles Auftreten.

Also bitte, denken Sie an Ihre Gesundheit, an die Geschichte und das gute Benehmen: Revanchieren Sie sich!

Es war schon immer besser, eine Frau zu sein

Männer sind und bleiben Männer – auch dann, wenn sie es jemandem heimzahlen wollen. So plustern sich manche plump auf, stolzieren mit einer Big-Boss-Brust auf ihr Opfer zu und lassen die Fäuste sprechen. Jene, die sich für origineller halten, vergreifen sich gerne schon einmal an den Autos ihrer Opfer, zerkratzen den Lack, knicken die Antenne um oder zerstechen mutwillig die Reifen. Gähn! Aber so sind sie eben, die Männer!

Die meisten von ihnen können auch gar nicht anders. Denn obwohl Rache ein ganz normales menschliches Gefühl und somit geschlechtsunabhängig ist, sind doch Männer häufig – bedingt durch ihre Erziehung zum schmerzunempfänglichen Indianer – die größeren Verdränger. Seelische Verletzungen sind ihnen oftmals nicht so bewusst beziehungsweise lassen sie diese nicht sehr nah an sich heran. Die Herren der Schöpfung schlagen einmal auf den Tisch – und dann ist gut.

Hierzu sagt die Psychologin Sybille Weber: „Männer neigen dazu, Emotionen eher zu unterdrücken, oder sie versuchen, diese schnell und rational zu bewältigen. Frauen dagegen leben ihre Empfindungen aus." Und das mit Köpfchen statt mit Muskeln! Getreu dem Spruch „Not macht erfinderisch" ersetzen Evas Töchter mangelnde Körpermasse und Körperkraft durch Raffinesse und Kalkül.

„Wenn Männer sich rächen, ist es oft wahllos und weniger elegant. Sie bevorzugen die Rambo-Manier", sagt Sybille Weber. „Frauen aber kennen die männlichen Schwächen, sind scharfsinniger, haben einen längeren Atem und sind deshalb zielsicherer mit ihren Vergeltungsschlägen." Dies wohl auch, weil die meisten Frauen negative Gefühle wie Wut, Hass und Rachegelüste ganz bewusst zulassen und sich ebenso bewusst mit ihnen auseinander setzen. Sie können und wollen nicht so schnell vergessen, wollen nicht verdrängen, sich gleich mit anderen Gedanken und Aufgaben beschäftigen oder so tun, als sei nichts gewesen. Wenn Frauen ein Kapitel abhaken, dann richtig und mit allen Mitteln, die sie haben: Charme, ein raffiniertes Händchen, Kreativität und ein kluges Köpfchen, mit dem sie sich gut in andere hineinversetzen können.

Sollten Sie also extreme Rachegelüste empfinden, seien Sie sich

a) gewiss, dass Sie zu 99,9 Prozent allein schon geschlechtsbedingt mit Ihrer Rache ins Schwarze treffen werden, und
b) fühlen Sie sich nicht alleine oder wie eine Exotin.

Der Club „For you"

Die Rache, an die Sie denken und die Sie wollen, ist sogar global gesehen eine Normalität: So gibt es zum Beispiel in Tokio einen Frauen-Club namens „For you" mit über 100 weiblichen Mitgliedern. Eine der Aufnahmebedingungen des Clubs ist, dass die Bewerberin von ihrem Mann betrogen, gedemütigt oder verlassen worden sein muss. Club-Gründerin Shoko Aoyama, 32, ist dies schon zweimal passiert. Nicht ohne Folgen: Sie hatte die Nase voll, zog die Konsequenzen und ging in die Offensive. Das entscheidende Kriterium für die Aufnahme ist daher: Die Mitglieder müssen sich an ihren Männern rächen wollen. Die Gleichgesinnten treffen sich einmal im Monat und tüfteln neue Vergeltungsschläge aus. Nachahmung erwünscht!

Natürlich müssen Sie sich hier und da den Vorwurf anhören, Sie seien ein „rachsüchtiges Weib". Meist benutzen Männer diese Formulierung, die Angst haben,

Opfer von Rachefeldzügen zu werden. Oder es rutscht Geschlechtsgenossinnen raus – jenen, die sich nur über sich selbst und darüber ärgern, dass sie sich alles ohne Knurren gefallen lassen und den Frust runterschlucken.

Gerade aus dem Munde dieser Menschen ist solch ein Vorwurf als null und nichtig abzutun. Für Sie kein Thema. Also überhören Sie derartige Beschimpfungen und mögliche Konversationsversuche. Alles ist in bester Ordnung, und Sie können sich ganz Ihren Rachegedanken hingeben.

Doch Stopp! Wenn Sie sich jetzt gleich an die Arbeit machen wollen, um Ihre Rachegedanken auszuleben. Denn obgleich Ihnen als Frau Kreativität und Klugheit schon in die Wiege gelegt wurden, gelten auch für Sie die zehn goldenen Regeln der Rache.

Die zehn goldenen Regeln der Rache

Regel 1: Erst denken, dann handeln!

Schießen Sie nicht aufs Geradewohl ins Blaue, denn dann laufen Sie Gefahr, dass die Vergeltung Ihren Ex nur wie ein kühles Lüftchen streift. Das wäre doch furchtbar ärgerlich, und Sie hätten auch nur halb so viel Genugtuung. Rache will geplant und gut überlegt sein. Bereiten Sie alles sorgfältig vor, warten Sie auf die Gunst der Stunde und schlagen Sie dann zu.

Regel 2: Erkennen Sie seine Schwächen!

Denken Sie an das, was er liebt, und an seine Leidenschaften. Überlegen Sie auch, wovor er sich ekelt und was ihn wirklich nervt. Sind seine liebsten Dinge ausgekundschaftet und zielt die Rache auf diese ab, werden Sie ihn nicht nur an einer wunden Stelle treffen, Ihre Abrechnung wird auch den gewünschten Erfolg haben.

Regel 3: Wärmen Sie keine alten Geschichten auf!

Denken Sie an das, was wirklich zählt: Er hat Sie betrogen, er hat Sie verlassen, er hat eine Neue! Dafür soll er büßen! Nicht aber dafür, dass er drei Wochen zuvor vergaß, Ihnen die Wäsche von der Reinigung mitzubringen, oder vor zwei Jahren über Ihren Lieblingsschauspieler gelästert hat.

Warum Sie nicht in der Vergangenheit wühlen sollen? Ganz einfach, weil Sie sonst aus dem Rachepläneschmieden gar nicht mehr herauskommen würden, schnell die schönen Dinge im Leben übersehen würden und weil es da auch noch Regel 4 gibt.

Regel 4: Denken Sie an den Bumerangeffekt!
Reiben Sie sich noch wegen vollbrachter Tat genüsslich die Hände und haben das Ex-Kapitel zu den Akten gelegt, kann Ihr Verflossener just in derselben Minute den Rückschlag planen. Regel 3 im Kopf, sollten Sie daher immer die Sorte von Rache wählen, die Sie
a) vertreten können und
b) zur Not auch selbst ertragen könnten.

Regel 5: Behalten Sie Ihren Humor!
Nehmen Sie die ganze Sache nicht zu ernst. Ihr Ex ist nur einer von vielen Männern. Weltweit laufen davon rund 2,5 Milliarden herum – gut, die Minderjährigen und Homosexuellen müssen abgezogen werden. Trotzdem bleiben immer noch eine ganze Menge übrig, so dass es nicht das Problem sein sollte, Ersatz für Ihren Ehemaligen zu finden.

Regel 6: Bringen Sie sich selbst nie in Gefahr!
Turnen Sie also nicht in Schwindel erregender Höhe auf seinem Balkonsims herum, nur weil Sie dort eine Ladung Silberfischchen aussetzen wollen. Sind Sie aber schon oben oder anderswo, dann verwischen Sie wenigstens anschließend die Spuren. Nicht, dass man Ihnen auf die Schliche kommen kann. Das gilt auch für alle anderen ausgelebten Abrechnungsmanöver. Warum? Weil Sie so die Gefahr des Bumerangeffekts (siehe Regel 4) gering halten.

Regel 7: Achten Sie darauf, dass keine unbeteiligten Dritten in Mitleidenschaft gezogen werden!

Wer nichts mit der Sache zwischen Ihnen und Ihrem Ex zu tun hat, der sollte von Ihrem Groll verschont bleiben. Also: Auch wenn Sie seine Neue nicht mögen – lassen Sie Ihre Nachfolgerin aus dem Spiel. Schließlich hat sie doch wahrlich schon genug Schaden abbekommen: Sie plagt sich mit Ihrem Ex herum.

Regel 8: Die einzige scharfe Waffe, von der Sie Gebrauch machen, ist Ihre Zunge!

Und auch das lieber nur in vertrauter Runde. Küchenmesser, Gaspistole, Panzerfaust und Ähnliches bleiben bitte zu Hause oder zumindest in Ihrer Tasche. Ansonsten laufen Sie noch Gefahr, Regel 9 nicht einhalten zu können.

Regel 9: Kommen Sie bei Ihrem Handeln nicht mit dem Gesetz in Konflikt!

Ihm auch noch Schadensersatz zahlen zu müssen, ist sicherlich das, was Sie am wenigsten wollen, und Jahre im Frauenknast zu verbringen – das ist kein Mann wert. Das Kapitel „Alles, was Recht ist" (siehe Seite 187ff.) informiert Sie ausführlich über die Gesetzeslage.

Regel 10: Seien Sie eine Genießerin!

Schadenfreude ist bekanntermaßen die schönste Freude, und dafür braucht sich keiner zu schämen. Stehen Sie zu Ihren Gedanken und Taten, nur so können Sie auch mit sich zufrieden sein. Und wenn es dann so weit ist, kosten Sie den triumphalen Moment bis zur letzten Sekunde aus ... Danach aber gilt für Sie: Ende, aus und vorbei.

Wenn Sie sich nun wundern, dass es bei einer Racheaktion einiges zu beachten gibt, soll Ihnen gesagt sein, dass die goldenen Regeln nur zu Ihrem Besten sind. Keinesfalls sollen sie Sie vergessen lassen, dass Ihre Rache notwendig ist und Ihnen gut tun wird.

„Eine Frau, die sich rächt, zeigt selbstbewusst, dass sie kein ohnmächtiges Opfer ist“, ermutigt Psychologin Sybille Weber, weiß sie doch um die positiven Folgen: „Die Rächerin fühlt sich nachher erlöst von einem inneren Druck, und die Selbstachtung ist wiederhergestellt.“ Und apropos: Um das angeknackste Ego aufzurichten, ist manchmal schon das Tratschen unter Freundinnen die beste Therapie. Machen Sie diesen Schuft madig! Ziehen Sie über ihn her!

Sie müssen sich nicht einmal die Finger schmutzig machen. Psychologin Weber: „Eine phantasierte Rache kann genauso heilsam sein, wie die wirkliche Tat.“ So können Sie es sich auch in Ihren vier Wänden gemütlich machen, wo Sie dann die wildesten, gemeinsten, kurz oscarreifen Szenen in einer exklusiven Kinoaufführung im Kopf abspulen. Auch das ist oftmals schon Genugtuung. In diesem Sinne: Vorhang auf, Film ab!

Es ist **alles** nur
eine **Frage**
des **Typs** ...

Die Situation, in der Sie Ihr zukünftiges Handeln planen, sollte für Sie angenehm sein. Sitzen Sie also gerade im Wartezimmer des Zahnarztes und Ihre Beißerchen klappern schon vor Angst, verschieben Sie das weitere Vorgehen in Sachen Rache auf später. Sorgen Sie stattdessen für eine gemütliche Atmosphäre. Legen Sie zum Beispiel die Beine hoch oder sich selbst in die Badewanne oder ein Bett. Sind Sie entspannt? Keine Ablenkungsgefahr in Sicht? Gut so. Und jetzt denken Sie einmal schön nach ...

Viele Wege führen zur Rache

Ich gehe davon aus, dass Sie dies sowieso die ganze Zeit über tun. Morgens würden Sie den Mistkerl am liebsten erwürgen, mittags wünschen Sie ihm einen Tripper zwischen die Beine, abends soll er von gemeinen Dieben ausgeraubt werden und kurz vor dem Schlafengehen würden Sie ihn nur zu gerne selbst in einen Güllegraben schubsen. Nicht schlecht, aber alles noch viel zu harmlos. Außerdem wäre die Idee mit dem Güllegraben nicht wirklich kalkuliert, überlegt oder raffiniert. Sie können mehr!

Die Klassiker

Sicher gibt es so etwas wie die Klassiker der Rache mit absoluter Treffergarantie. Dazu zählt beispielsweise das Anschwärzen beim Finanzamt. Jeden Tag klingelt bei den Behörden das Telefon viele Male und nicht selten heißt es dann: „Der hat schon wieder ein neues Auto! Der baut sein Bad aus! Kontrollieren Sie den mal, der arbeitet nämlich schwarz!" Statistiken zufolge stecken hinter rund der Hälfte aller steuerlichen Betriebsprüfungen anonyme Hinweise. Gerade in Zeiten, in denen die städtischen Haushaltskonten leer sind, gehen die Amtsmitarbeiter immer häufiger Anrufen à la „Mein Nachbar fährt Porsche, krümmt aber keinen Finger!" auf den Grund. Denn bewahrheiten sich die Angaben der Tippgeber und der Beschuldigte schmuggelt tatsächlich gerne ein paar Euros am Fiskus vorbei, klingelt es gleich doppelt in der geschröpften Kommunenkassen: Schließlich muss Strafe sein!

Hat Ihnen Ihr Ex also einmal in trauter Zweisamkeit erzählt, dass er ab und an einige Einnahmen bei der Steuererklärung verschweigt, rufen Sie beim Finanzamt an.

Lassen Sie sich mit dem zuständigen Sachbearbeiter verbinden und weihen Sie diesen ebenfalls in das so gut gehütete Geldgeheimnis Ihres Ex ein. Wenn Sie auf Nummer sicher gehen wollen, dass Ihr Telefonat für ihn ein Nachspiel hat, lassen Sie in den nächsten Wochen noch zwei oder drei Ihrer Freunde bei seinem Finanzamt anrufen.

Ein weiterer Racheakt mit sicherer Erfolgsaussicht ist der abgebrochene Schlüssel in der Wohnungstür. Diese Aktion erfordert zwar ein bisschen körperliche Gewalt, doch sie sorgt garantiert für Verärgerung. Nicht nur, weil beim Nachhausekommen öfters einmal die Sehnsucht nach der Toilette besonders groß ist. Eher vor allem, weil der Schlüsselnotdienstservice sich seine Dienste teuer bezahlen lässt.

Und apropos Geld – hier noch eine drittes Rachemittel mit Gewähr. Schreiben Sie die Telefonnummer Ihres Ex auf einen Fünf-Euro-Schein und bringen Sie diesen in Umlauf. Was meinen Sie, wie viele Besitzer des Scheins aus purer Neugierde bei ihm anrufen werden? Er wird so genervt sein, dass er sich über kurz oder lang eine neue Nummer geben lässt.

Dies sind also drei Vergeltungsschläge, die das gewünschte Ziel mit fast hundertprozentiger Sicherheit erreichen – sie sind allerdings die Ausnahmen. Mögen auch manche Rachemittel nahe liegend und besonders effektiv erscheinen, häufig täuscht der Glaube.

Erst nachdenken, dann handeln

Beispiel Hundekot: Schmieren Sie den unter die Schuhe des Müllmanns oder Pudelzüchters, wird das kaum für Verärgerung sorgen, denn es gehört für beide zum

Alltag, auch einmal in Hundedreck zu treten. Ganz anders allerdings verhält es sich beim Tierhasser mit ausgeprägter Kotabneigung. Er wird beim Entdecken der feucht-klebrigen Masse unter seinen Schuhen komplett ausrasten.

Oder die beliebte Racheaktion mit den Kakerlaken: Setzen Sie die Viecher Mister Saubermann in die Küche, wird dieser kurz vor einer Herzattacke stehen. Selbiges gilt für den begeisterten Hobbykoch. Dagegen wird der coole Macho-Typ das Insekt – ohne mit der Wimper zu zucken – zertreten und entsorgen. Auch einen Kerl von Beruf Kammerjäger können Sie mit dieser Aktion wenig beeindrucken.

Machen Sie sich keine Sorgen, dass Sie mit Ihrer Rache keinen Volltreffer landen. Denn eigentlich ist es einfach: Denken Sie an die Nummer 2 der goldenen Racheregeln. Überlegen Sie, was die Leidenschaften Ihres Ex sind! Wofür gibt er gerne Geld aus? Was liebt er? Woran hängt sein Herz und was hütet er wie seinen Augapfel? Was verabscheut er? Worüber regt er sich auf? Wann muss er sich vor Ekel übergeben?

Kurzum: Finden Sie heraus, wann seine Gefühle – in welche Richtung auch immer – überschwappen, und bauen Sie auf dieser Erkenntnis Ihre Vergeltungsstrategie auf. Machen Sie sich die Mühe und sammeln Sie Material. Informieren Sie sich, wenn Sie dies nicht sowieso wissen, über seine Gewohnheiten und festen Termine und lassen Sie sich dabei nicht vom Weg abbringen.

Hören Sie nur halb hin, wenn Ihnen eine Arbeitskollegin rät, es mit der Sextour zu probieren – demnach einfach eine Ladung Gummipuppen, Vibratoren und Kondome bei Beate Uhse bestellen und an seine Sekretärin schicken. Es kann sein, dass Ihre Bekannte dies für einen todsicheren Racheakt hält und auch andere bei diesem Vorschlag applaudieren. Es muss aber nicht klappen. Was, wenn er sich sogar über die Spielsachen freut und seiner Sekretärin anbietet, einige Sachen gleich auszuprobieren? Dann hat er jede Menge Spaß und Sie sind um etliche Euros ärmer.

„Kennste einen, kennste alle“ gibt es nicht

Ein grober Fehler ist zudem, wenn Sie sich an vergangene Vergeltungsschläge – ausprobiert an vorherigen Ex-Lovern – erinnern und diese eins zu eins auf ihren neuen Ex übertragen. So mag es ja sein, dass Sie als Teenager mit einem Schwimm-Ass liiert waren und diesem zum bösen Abschied ein Loch in die Badehose schnitten. Dies bei Ihrem jetzigen Ex anzuwenden, der nicht einmal das Seepferdchen-Abzeichen hat, ist jedoch ein Hieb ins Leere und auch unüblich für Frauen. „Sie schlagen nicht blind vor Wut drauf los“, weiß die Berliner Psychologin Monika Thurke. „Frauen bevorzugen die wirksamen Taktiken, die speziell zugeschnitten auf den jeweiligen Typ Mann sind.“

Langsam sollte also klar sein, dass die Behauptung „Kennste einen, kennste alle!“ nicht der Realität entspricht. Auch wenn es kaum zu glauben ist: Es gibt verschiedene Männertypen. Wahrhaftig mehr als erstaunlich, angesichts der alltäglichen Begegnungen, bei denen jeder Er mit geilen Blicken die vollbusige Verkäuferin anstarrt und sich schnell einmal in den Schritt greift, scheinbar um den anderen zu zeigen, wo der wirkliche Hammer hängt.

Der kleine Unterschied macht's

Tatsächlich sind die Unterschiede schwer zu erkennen und liegen meist im Detail. Oftmals werden sie auch erst bei der unmittelbaren Konfrontation mit diesem Mann deutlich. Alles zu kompliziert? Mitnichten. Denken Sie nur mal an die ersten Knutschorgien in Partykellern zurück. Solchen, wo jeder mit jedem rummachte. Wenn auch nichts Ernstes daraus wurde, haben die Erlebnisse zu wichtigen Erkenntnissen in Sachen „Mythos Männertypologie" geführt. Oder etwa nicht? Oder schon vergessen? Dann an dieser Stelle eine kurze Gedächtnisauffrischung.

Da war zum Beispiel der

- **Beißer:** Autsch! Bei ihm riskierte jedes Mädchen eine dicke Lippe. Denn der Junge liebte es, beim Knutschen seiner Partnerin leicht in die Lippe zu beißen. Eigentlich ganz vorsichtig, doch im hormonell-gesteuerten Treiben konnte dieses Zwicken fester ausfallen und hatte mitunter ein blutiges Ende.
- **Karies-Fetischist:** Hingebungsvoll leckte er einem Mädchen beim Küssen die Zähne sauber, so dass die Zahnbürste überflüssig wurde. Der Junge sorgte für strahlenden Glanz, nicht aber in den Augen der Partnerin. Denn das alles war doch ziemlich abstoßend.
- **Würger:** Getreu dem Glauben „je tiefer, desto besser" stocherte dieser Typ mit seiner Zunge scheinbar irgendwo in der Speiseröhre herum. Hatte er sich vielleicht in der Körperregion geirrt?! Einfach nur ekelig, dann doch lieber der Propeller.
- **Propeller:** Er war ein Meister in Sachen Zungenkuss. Obgleich dies als arg gewöhnungsbedürftig erschien, vollführte der Junge mit seiner Zunge leidenschaftliche Drehübungen – natürlich im Mund des Mädchens.

- **Sauger:** Es drängte sich der Eindruck auf, dass der Typ auf irgendeine Art und Weise mit diesen Welzen alias Putzerfischen verwandt ist. So wie der am Mund andockte und sich erst beim Wegschubsen wieder löste ...

Erinnern Sie sich? Das waren Erfahrungen fürs Leben! Wenn auch alles einige Jährchen zurückliegen mag und aus Jungen Männer geworden sind – sie küssen trotzdem immer noch nicht alle gleich. Vielmehr hat jeder Typ – und das nicht nur beim Küssen – seine individuellen Vorlieben und Vorgehensweisen.

Daher dürfen Sie es sich bei der Wahl Ihrer Rache nicht einfach machen und glauben, dass sie schon ins Schwarze treffen wird, weil schließlich alle Männer gleich sind. Im wahren Leben zeigen sich teils extreme Abweichungen voneinander. Auf den ersten Blick scheint es möglich, Männer in bestimmte Kategorien einzuordnen, doch häufig ergeben sich sogar noch Untergruppen der jeweiligen Spezies. Denken Sie bloß an den Computerfreak. Auch in diesem Fall wäre es falsch, alle Vertreter dieser Art über einen Kamm zu scheren.

Denn so gibt es den

- **Programmierer:** Er hat sein Hobby zum Beruf gemacht, beherrscht Java, C++ und andere Programmiersprachen teils besser als Deutsch und liest als Gute-Nacht-Geschichte Werke wie „J2EE Developer's Guide".
- **Geilen:** Dieser Typ hat seinen Computer lediglich zum Anklicken von Tittenseiten (pardon) und lädt sich die Porno-Bildchen regelmäßig auf seine Festplatte.
- **Tüftler:** Es gibt immer etwas zu tun. Ständig baut er irgendwelche Prozessoren

ein und aus und hofft, dabei vielleicht doch noch ein unerforschtes Chipteilchen zu entdecken.

- **Spieler:** Er ist extrem suchtgefährdet und bald Besitzer von Mamas prognostizierten „viereckigen Augen", gibt er doch das meiste Geld für hochgezüchtete Grafikarten aus. Nur um Lara Croft (sabber, sabber) noch deutlicher zu sehen.
- **Hacker:** Er ist der Abenteurer unter allen, gibt öfters einmal den Spion und schleust sich in die Datenbanken größerer Konzerne ein.

Sagen Sie, was Sie wollen, die Liste ist und bleibt – aus Forschersicht betrachtet – äußerst nützlich. Zu gut verdeutlicht sie, dass sich die Andersartigkeiten zwischen Männern nicht nur bei Begegnungen mit dem weiblichen Geschlecht bemerkbar machen. Es steht also allerdeutlichst fest: *Den* Mann gibt es nicht. Somit gibt es auch nicht *das* ultimative Racherezept. Also denken Sie nach, damit Sie Ihren Ex mit Ihrer Vergeltung auch wirklich treffen. Suchen Sie nach den Unterschieden zu anderen Männern und erstellen Sie so sein ganz persönliches Profil. Dabei sind die teils erschreckenden Beobachtungen, die Sie während der Zeit der Zweisamkeit machen konnten, eine große Hilfe. Erinnern Sie sich an seine Marotten und was er am meisten liebte und hasste. Wie bereits gesagt: Halten Sie sich penibel an Racheregel Nummer 2.

Ein weiterer wichtiger Hinweis: Da Männer meist nicht nur eine Macke, sondern sich gerade über die Jahre hinweg eine ganze Menge Marotten zugelegt haben, kommt es zu Kombitypen (nein, hat in diesem Fall nichts mit Autos zu tun): So gibt es zum Beispiel den sportbegeisterten Motorfreak. Formel-1-Pilot Michael Schumacher ist einer dieser Gattung. Er kurvt in seinem Ferrari über die Rennstrecken und spielt gleichermaßen gerne Fußball.

Ebenso kann es den tierlieben Musiker geben. Hier ist Dieter Bohlen ein gutes Beispiel. Das Modern-Talking-Mitglied, zugleich auch der Produzent, teilt sich sein Grundstück im heimischen Tötensen bei Hamburg gleich mit mehreren Vierbeinern.

Derartige Kombinationen sollten Sie bei der Wahl Ihrer Rache nicht außer Acht lassen. Denn dadurch vergrößert sich die Vielfalt an Racheattacken und erhöhen sich bei gezielter Überlegung die Trefferchancen. Das Optimum an Ex ist demnach etwas in Richtung karrieresüchtiger Sportsfanatiker mit Hang zu Eifersuchtsanfällen, der in seiner Freizeit leidenschaftlich gerne kocht und Antiquitäten sammelt. In diesem Fall würde sich Ihnen eine Fülle an Vergeltungsmöglichkeiten bieten.

Sicher hängt die Auswahl auch von den geografischen Gegebenheiten ab. Wohnen Sie in Hamburg und Ihr Ex in München, müssen Sie schon schlappe sieben Stunden im Auto sitzen, damit Sie ihm persönlich eins auswischen können. Leichter haben Sie es hingegen, wenn Sie mit dem Schuft noch unter einem Dach leben – bei dem umkämpften Wohnungsmarkt nicht selten. Der Gleichbetroffenen Mitleid gewiss, sollten Sie ihn trotz gemeinsamen Mietkontos nicht von Ihren Rachegelüsten verschonen. Im Gegenteil: Ihn täglich sehen zu müssen rechtfertigt die doppelte Vergeltung.

Wie Sie sich an Ihrem speziellen Typ von Mann rächen können? Wenn Sie ein ausgefeiltes Ex-Profil erstellt haben, schnell weiterlesen. Auf Sie warten reihenweise Vorschläge für die verschiedensten Männergruppen. Schließlich ist Ihre Rache eine Frage des Typs.

Der Typentest

Falls Sie sich nicht sicher sind, welchem Männertyp Ihr Ex zuzuordnen ist, oder eine Vermutung haben, aber auf Nummer Sicher gehen wollen, machen Sie den Typentest! Kennzeichnen Sie die auf Ihren Ex passenden Antworten mit einem Kreuzchen. Haben Sie dann festgestellt, zu welcher Kategorie Ihr Ex gehört, treffen Sie mit den jeweiligen Rachetipps sicher voll ins Schwarze. Und los geht's!

1. Beim ersten Date erwähnte er mindestens zehnmal

❍ a) sein Lieblingsputzmittel.	Meister Proper
❍ b) seine Lieblingsband.	Der Musiker
❍ c) sein Wochenhoroskop.	Der Abergläubige
❍ d) seine Mutter.	Der Wurzelklammerer
❍ e) sein Leibgericht.	Der Gourmet
❍ f) das nervige Gekreische der Nachbarskinder.	Der Kinderhasser

2. Sie laden ihn zum Essen zu sich nach Hause ein. Er

❍ a) fummelt schon an der Garderobe an seinem Hosenreißverschluss und schmeißt Sie gleich aufs Bett.	Der Potenzprotzer
❍ b) bringt zum Essen noch seine Freunde Kai, Thorsten, Dirk und Michi mit.	Der Kumpel für alle
❍ c) verspätet sich um eine halbe Stunde, ein wichtiges Meeting hat ihn aufgehalten.	Der Business-Boy

❍ d) vergewissert sich, ob auch alles „bio" ist.	Der Ökotyp
❍ e) stürzt in Ihr Schlafzimmer, durchstöbert auch die anderen Räume und entfernt alle Kuscheltiere.	Der Tierhasser
❍ f) verschwindet zunächst in Ihr Badezimmer, um alle Cremes auszuprobieren.	Der Möchtegern-Mister-Germany
❍ g) wiederholt mehrmals „Mh…, sehr gut, ausgezeichnet" und schmeckt die Gewürze in der Speise heraus.	Gourmet

3. Bei der gemeinsamen morgendlichen Busfahrt zur Arbeit

❍ a) schreit er erst durch den ganzen Wagen: „Nicht bewegen, und wehe, einer wirft einen Blick auf meine Braut!"	Der Bodyguard
❍ b) schubst er den Busfahrer vom Sitz, um selbst Gas zu geben.	Der PS-Hengst
❍ c) schnorrt er Sie erst einmal um das Fahrgeld an.	Der Euro-Knauser
❍ d) erkundigt er sich bei dem 14-jährigen Teenager, der neben ihm sitzt, nach dem „echt geilen, supertollen, obercoolen" Handyklingelton.	HandyManni

- ❍ e) belegt er die Rückbank, um seinen Kumpels, die an der nächsten Haltestelle zusteigen, einen Platz freizuhalten. — Der Kumpel für alle
- ❍ f) blickt er Sie aus halb offenen Augen an, zeigt beim Gähnen seine Karies und fängt nach einer Minute an zu schnarchen. — Der Morgenmuffel
- ❍ g) stolziert er von vorne nach hinten durch den Bus, wirft die Haare in den Nacken und grinst wie ein Honigkuchenpferd – der Gang ist sein Laufsteg. — Der Möchtegern-Mister-Germany

4. Neben seiner Toilette liegen folgende Zeitschriften:

- ❍ a) *manager magazin* und *Handelsblatt*. — Der Business-Boy
- ❍ b) *Penthouse* und *praline*. — Der Potenzprotzer
- ❍ c) *Ein Herz für Tiere, Partner Hund* oder *Geliebte Katze*. — Der Tierfreund
- ❍ d) *Computer Bild* und *c't*. — Der Computerfreak
- ❍ e) *art* und einige Auktionskataloge. — Der Kunstliebhaber
- ❍ f) *Auto Bild* und *auto motor und sport*. — Der PS-Hengst
- ❍ g) von allem etwas, und alles ist fünf Jahre und älter. — Der Euro-Knauser
- ❍ h) bei ihm gibt's keine Zeitschriften, SMSen ist angesagt. — HandyManni

5. Beim Sex

❍ a) stülpt er sich zur Sicherheit gleich drei Kondome über.	Der Kinderhasser
❍ b) faselt er etwas von Jenny, Gaby, Claudia und braucht fünf Anläufe, um be Ihrem Namen zu landen.	Der Macho
❍ c) fasst er sich zwischendurch prüfend an die Oberarmmuskulatur und schreit beim Orgasmus „Tooooor!“	Der Aktivsportler
❍ d) liegt er regungslos da, beim Orgasmus zuckt er kurz und schreit: „Tooooor!“	Der Passivsportler
❍ e) greift er ständig zu Taschentüchern und fängt damit jeden kleinsten Tropfen Körperflüssigkeit auf, bevor auch nur etwas davon das Bettlaken berührt.	Meister Proper
❍ f) läuft im Hintergrund Musik, und er kommt genau auf die Sekunde bei einem Paukenschlag zum Orgasmus.	Der Musiker

6. Am Morgen danach

❍ a) klagt er über Schmerzen am ganzen Körper, wirft ein paar Pillen ein und telefoniert mit seinem Arzt.	Der Hypochonder

❍ b) schläft er bis mittags durch. — Der Morgenmuffel

❍ c) steht er stundenlang vor dem Spiegel, um sein zerzaustes Brust- oder sonstiges Körperhaar zu sortieren. — Möchtegern-Mister-Germany

❍ d) wirft er zwei Viagra ein, und es geht weiter. — Der Potenzprotzer

❍ e) liegt er auf Ihnen, weil er meinte, Sie die Nacht über beschützen zu müssen. — Der Bodyguard

❍ f) spielt er vorm Aufstehen erst einmal Luftgitarre. — Der Musiker

7. Sie überraschen ihn mit zwei Theaterkarten. Er sagt ab, weil

❍ a) zur gleichen Zeit ein Fußballspiel im Fernsehen läuft. — Der Passivsportler

❍ b) er seinen Kanarienvogel noch putzen muss. — Der Tierfreund

❍ c) seine Mutter die Tupperdosen mit Erbsensuppe vorbeibringen will. — Der Wurzelklammerer

❍ d) er im Theater sein Handy abschalten müsste! — Der Business-Boy oder HandyManni

❍ e) er von einer plötzlichen Hustenattacke gequält wird. — Der Hypochonder

❍ f) am nächsten Tag die Sperrmüllabfuhr kommt. Daher muss er nachts noch durch die Straßen laufen und nach Antiquitäten suchen. — Der Kunstliebhaber

8. Sie begrüßen ihn und nehmen in seiner Nähe einen widerlichen Geruch wahr. Undefinierbar. Seine Erklärung:

- ❍ a) Die hatten heute Morgen im Kaufhaus kein anderes Deo. — Der Euro-Knauser
- ❍ b) Männerschweiß – sexy, was? Willste noch eine Achselprise? — Der Macho
- ❍ c) Ich hab den WC-Stein halt zum Fressen gern! — Meister Proper
- ❍ d) Hab da ein neues Menü ausprobiert, Alfredissimo, sag ich dir! — Der Gourmet
- ❍ e) Neue Räucherstäbchen! Musste ein paar negative Energien vertreiben! — Der Abergläubige
- ❍ f) Echt Ferrari, der totale Wahnsinn. Hab mich hinterm Auspuff geklemmt. Nichts riecht besser. — Der PS-Hengst

9. Wenn Sie mit ihm in ein Café oder Restaurant gehen

- ❍ a) bestürmen ihn gleich mehrere Frauen und begrüßen ihn mit: „Dein Sohn hat morgen Geburtstag!“, „Wo bleiben die Alimente?“, „Wann heiratest du mich endlich?“ — Der Macho
- ❍ b) hängt er an die Tür erst einmal das druckfrische Aktionsposter „Frieden schaffen ohne Waffen“ und verteilt lila Halstücher. — Der Ökotyp

❍ c) stellt er fest, dass seine Geldbörse noch zu Hause liegt.	Der Euro-Knauser
❍ d) wirft er dem niedlichen Hund vom Nachbartisch eine Wurstscheibe zu – die er vorher mit Rattengift bestreut hat.	Der Tierhasser
❍ e) liest er Ihnen aus dem Kaffeesatz.	Der Abergläubige
❍ f) begleitet er Sie bis vor die Toilette und wieder an Ihren Platz zurück.	Der Bodyguard

10. Er lädt Sie zu einem ultimativen Wochenende ein. Dies verbringen Sie

❍ a) auf dem Fußballplatz, im Leichtathletikstadion, in der Tennishalle.	Der Aktivsportler
❍ b) im Swingerclub.	Der Potenzprotzer
❍ c) in seinem Büro.	Der Business-Boy
❍ d) bei seinen Eltern.	Der Wurzelklammerer
❍ e) zwischen Kabelsalat und Bildschirm.	Der Computerfreak
❍ f) vorm Fernseher, schließlich muss er sich wichtige Fußballspiele anschauen.	Der Passivsportler
❍ g) angekettet auf Bahnschienen, weil wieder ein Castor-Transport stattfindet.	Der Ökotyp

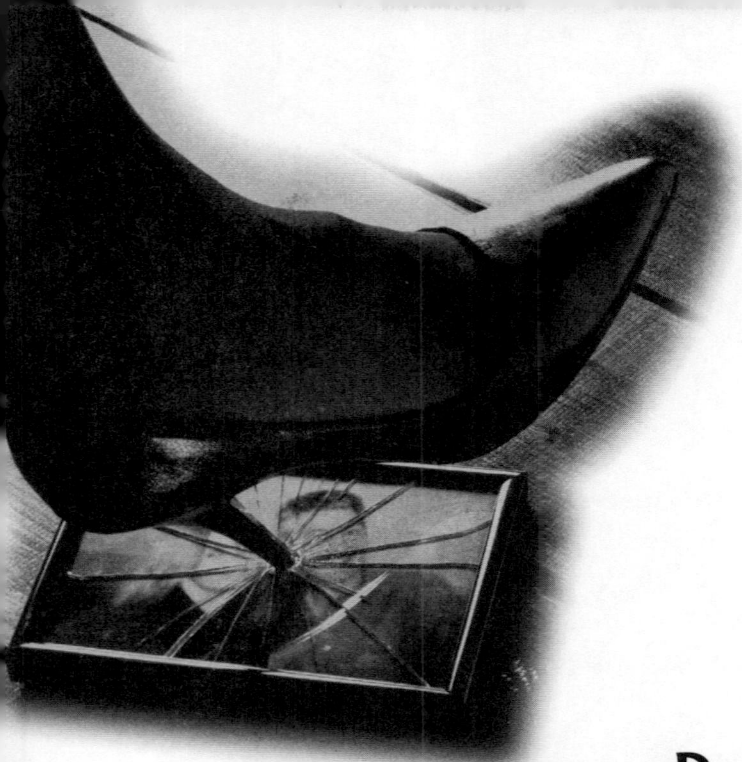

Welche **Rache** für
welchen **Typen?**
Die richtige **Strategie**
für Ihren **Ex**

HandyManni

Wer war eigentlich vorher da? Ihr Ex oder sein Handy? Denn wie die Sache aussieht, ist er ohne das gute Stück gar nicht lebensfähig: Morgens weckt es ihn mit sanftem Klingelton, dann managt es seine Termine, erinnert ihn an Geburtstage und informiert dank WAP über die Fußball-Bundesliga. Damit nicht genug: Per SMS werden Verabredungen getroffen und abgesagt, und wenn es ihm mal langweilig ist, gibt es ja zum Glück noch allerhand Spiele. Ein tolles Ding, und für Ihren Verflossenen ist diese Erfindung so etwas wie das achte Weltwunder. Wenig erstaunlich ist es daher, dass er ganz hysterisch wird, wenn mal sein Handy piepst und ihm signalisiert, dass der Akku fast leer ist. Mit hektischen Handgriffen und Schweißperlen auf der Stirn wird schnell nach dem Ladegerät gesucht, bevor sein ständiger Begleiter womöglich den Netzbetrieb aufgibt. Das wäre der Tod – für das Handy und angesichts der Alltagsabhängigkeit zwangsläufig auch für Ihren Ex. Zugegeben, eine schöne Vorstellung. Da er so vernarrt in sein Hightechgerät ist, sollte es ein Leichtes sein, es Ihrem Verflossenen heimzuzahlen:

Ein magnetisches Zusammentreffen

Besorgen Sie sich einen fetten Magneten und bringen Sie diesen mit seinem Mobiltelefon in Berührung. Leihen Sie sich zum Beispiel sein Handy für ein kurzes Telefonat oder lassen Sie es für einen Moment in Ihre Tasche rutschen, wenn er für „kleine Jungs“ muss. Die herrliche Folge von „Handy meets Magnet“: Sämtliche Daten gehen verloren.

Dummys

Klicken Sie im Internet einmal auf Seiten wie zum Beispiel www.gerry-mobilfunk.de oder www.edaphone.de. Dort gibt es Handys der Marken Nokia, Siemens, Motorola und wie sie alle heißen – und das aus wunderschönem Plastik und völlig funktionslos. Die Dummys gleichen ihren Vorbildern bis auf die letzte Taste, und besonders gute bringen zudem selbiges Gewicht auf die Waage. Da übrigens schon Juniors ganz vernarrt in die Teile sind, könnten Sie ein solches Handy auch in einem Spielzeuggeschäft finden. Auf jeden Fall ist doch ziemlich klar, was Sie mit dem erworbenen Pseudo-Handy anstellen, oder? Tauschen Sie es beim nächsten Treffen unauffällig gegen das Original.

SMS-Bombe

Schicken Sie Ihrem Ex eine SMS-Bombe. Er bekommt dann nicht nur eine neue Nachricht, sondern beispielsweise gleich 250 Meldungen. Und das überfordert die kleinen Telefone ganz gewaltig, so dass sie zumeist ihren Geist aufgeben. Infos dazu gibt es im Internet.

Heimarbeit

Wie wunderbar, wenn Sie unmittelbaren Zugriff auf sein mobiles Sprechgerät haben – zum Beispiel, weil Sie mit ihm noch zusammenwohnen. Dann ergeben sich weitere Möglichkeiten für Gemeinheiten:

- Fangen Sie seine Telefonrechnungen ab. Dumm wie er wohl ist, wird er nichts merken und sich wundern, dass plötzlich sein Handy abgestellt wurde. Sie wissen ja, wie hilflos er ohne seinen geliebten Begleiter ist.
- Löschen Sie alle Kontaktdaten, SMS, Termineinträge und WAP-Dienste aus seinem Handy. Und damit der Junge ganz traurig ist und kräftig weint, zusätzlich alle Spiele.
- Stellen Sie, wenn Ihr Ex bereits im Bett liegt, die Handyuhr um etwa eine Stunde zurück. Wenn es dann morgens klingelt und er glaubt, gut im Timing zu sein, sitzen seine Kollegen schon längst beim wichtigen Meeting. Wenn das mal keinen Ärger gibt.
- Ihr Verflossener plant zu verreisen, vielleicht nur für ein paar Tage? Bestens: Verstecken Sie das Aufladegerät. Besondere Erfolgschancen stehen ins Haus, wenn er Ihnen erzählt, er habe in den nächsten Tagen berufliche Außentermine. Sein Boss wird ihn zur Schnecke machen, weil er nicht erreichbar war.

Kurz, aber schmerzvoll

- Sollte der Ex Ihnen im Liebesglück irgendwann einmal sein Passwort anvertraut haben, nutzen Sie nun dieses Wissen. Rufen Sie bei seinem Handy-Dienst an und lassen Sie seine Karte sperren.
- Senden Sie Ihrem Verflossenen eine SMS, die auf eine 0-190-Nummer geroutet ist. Das wird ihm eine ordentlich hohe Rechnung bescheren.
- Hat Ihr Ex gerade sein bestes Stück neu aufgeladen, tauschen Sie den vollen Akku einfach gegen einen leeren Zweitakku. Er wird denken, dass sein Gerät

oder der Akku kaputt seien und den Mobiltelefonladen seines Vertrauens tyrannisieren – und sich im Endeffekt nur blamieren.

Natürlich können Sie aber auch einfach sein Handy nehmen und es irgendwo auf Nimmerwiedersehen in einem See ertränken. Kurz und schmerzlos!

Der PS-Hengst

Eigentlich ist das so: Kleine Mädchen spielen mit Puppen, und kleine Jungs spielen mit Autos. Dann vergehen einige Jahre. Und dann spielen große Mädchen mit großen Jungs und große Jungs mit großen Mädchen! Das wissen die meisten und tun es auch.

Doch es gibt Ausnahmen und zu denen zählt Ihr Ex. Irgendwie hat er da etwas nicht mitbekommen. Setzte bei seinen Geschlechtsgenossen im Schnitt um das 13. Lebensjahr die Pubertät ein und wurde der XXS-Polizeiwagen in Pornohefte umgetauscht, blieb Ihr Verflossener beharrlich autogeil. Bis heute hat sich daran nicht viel geändert. Das Ding auf vier Rädern mit Motor und einigen PS unter der Haube – mal ganz sachlich betrachtet – ist für diesen Kerl ein Heiligtum. Wie aus der Pistole geschossen, rattert er die Technikdaten seines fahrbaren Untersatzes herunter. Und das leider nicht nur auf Nachfrage. Sein Auto ist ihm immer der Rede wert, doch leider oftmals das einzige Gesprächsthema, bei dem er den Mund aufkriegt. Die Interessen sind bei ihm nicht breit gestreut.

Aber es geht noch schlimmer: Manch ein Vertreter dieser Sorte Mann bekommt schon glänzende Augen, wenn neben ihm an der Ampel ein roter Ferrari hält. Dann nichts wie Hinhören, auf dieses „wirklich, nein wie großartig, gibt's doch gar nicht, sensationelle ..." Motorgeräusch. Selbstverständlich ist bei jenen Männern „Formel 1" ein Muss und Michael Schumacher kurz davor, ein Gott zu sein.

Stopp! Schon zu viel der Worte über derart geballten Schwachsinn. Seien Sie einfach froh, dass Sie diesen Typen los sind, und rächen Sie sich für all sein Gefasel über mögliche Kolbenfresser, Bremsleitungen, Tempolimits und so weiter. Wie Sie sich rächen können? Nun, genüsslich mit dem Schlüssel den Lack zerkratzen, nachts die Reifen zerstechen, die Antenne umknicken, mit einem Stein die Heckscheibe zerschlagen oder am Auspuff rumfummeln – doch viel zu kurz und unter Umständen gefährlich ist das Vergeltungsvergnügen. Außerdem sieht das eher nach plumper Männermasche aus. Machen Sie es galanter. Schließlich ist es nicht ein 08/15-Auto, sondern ein Superschlitten! Der hat schon etwas Besonderes verdient und er sowieso!

Wenn sein Auto ohne ihn fährt

Ärgert sich ein Geizkragen mehr über die Kosten für den Abschleppdienst, flippt der Autoliebhaber völlig aus, legt ein Fremder grob Hand an sein Statussymbol. Etwa dann, wenn sein schöner Liebling einfach aufgeladen und zu einem riesigen Autohof gebracht wurde – fernab von Pappilein. Aber auch ein Auto muss mal Selbstständigkeit lernen. Dafür sollten Sie sorgen. Steht der Wagen das nächste Mal im Halteverbot, bestellen Sie kurzerhand den Abschleppdienst.

In the Ghetto

Leihen Sie sich den Wagen Ihres Ex und stellen Sie die Kiste im übelsten Stadtviertel ab. In dem Bezirk, in dem die Kriminalitätsrate am höchsten ist und um das Ihr Ex sonst immer einen Bogen fährt. Natürlich schließen Sie das Auto ab. Vorher aber kaufen Sie im Modeschmuckladen ein paar täuschend echt aussehende Perlenketten und Goldarmbänder, die Sie ganz offensichtlich auf die Rückbank legen. Geben Sie dem Ahnungslosen die Schlüssel zurück, mimen Sie die Unschuldige von wegen „Autoknacker? – Nee, hat mich keiner angesprochen“ und freuen Sie sich insgeheim.

Denn beim Anblick der Glitzerstücke wird bestimmt so mancher Passant schwach und Hand anlegen.

Ein Herz für Tiere

Retten Sie Vögel vor dem Aussterben. Dabei handelt es sich nicht gerade um eine bedrohte Spezies, sondern um die gemeine Taube. Sie freut sich immer über eine fette Ladung Brotkrümel auf dem Dach eines Autos. Gut gesättigt, bedanken sich die gefiederten Freunde mit besonders ätzenden Ausscheidungen, die in praller Sonne zum Abblättern des Lacks führen.

Shit happens!

Beziehen Sie eine Freundin in Ihre Rachepläne ein. Eine, auf die Ihr Verflossener schon immer scharf war. Sie soll Ihren Ex um Hilfe beim Öl- und Reifenwechsel bitten und ein romantisches Abendessen in Aussicht stellen. In der Hoffnung auf mehr als ein bloßes Essen und geschmeichelt, weil er als Autoprofi zu Rate gezogen wird, nimmt er eine solche Einladung sicher an. Schade aber auch, dass Ihre Freundin vorher noch ordentlich durch Hundekot fährt und überall Kuhmist auf der Motorhaube haftet. Noch größeres Pech, dass er sich arg die Finger schmutzig macht und Ihre Freundin das Date absagt. Wer will schon so einen Stinker?

Einmal auftanken, bitte!

Entfernen Sie bei nächster Gelegenheit den Tankschlüssel vom Schlüsselbund des Ex. Steht er dann an der Zapfsäule, hilft ihm nicht einmal ein Ersatz-Benzinkanister.

Die einzige Möglichkeit: Er muss das Schloss knacken lassen.

Alternative: Ist sein Tankverschluss nicht abschließbar, sorgen Sie dafür, dass er solch einen bekommt. Tauschen Sie Alt gegen Neu und behalten Sie die Schlüssel.

Ein Hauch von 4711

Bitten Sie Ihren Ex um eine letzte kleine Spritztour, der tolle Schlitten wird Ihnen schließlich am meisten fehlen. Oder fragen Sie ihn, ob er Sie noch einmal in die Arbeit fahren könnte; Sie können ihm auch sagen, dass Sie etwas in seinem Auto vergessen hätten – kurz: Sehen Sie zu, dass Sie irgendwie in seinen Wagen kommen. Haben Sie darin Platz genommen und sind ein paar Meter gefahren, kramen Sie in Ihrer Tasche und lassen dann eine offene Parfümflasche Marke „billig und bestialisch im Gestank" herunterfallen. Der penetrante, nicht auswaschbare Mief wird ein bleibendes Andenken hinterlassen.

Kurz, aber schmerzvoll

- Hängen Sie einen Zettel im Supermarkt auf, wo Sie seinen fahrbaren Untersatz als Schnäppchen zum Verkauf anbieten. So etwas lassen sich andere Autofreaks nicht entgehen und werden Ihren Ex oder seine Mailbox vollquatschen. Nervig!
- Lockern Sie heimlich die Nummernschilder. Denn fast nichts ist nervenaufreibender, als bei der Kfz-Zulassungsstelle Ersatz für die verlorenen Dinger zu organisieren.
- Kündigen Sie kurzerhand das Abo seiner geliebten Autozeitschrift und seine Mitgliedschaft im ADAC. Ohne seine Autobilder und den Schutz der gelben Engel wird Ihr Ex vor Einsamkeit vergehen.

Der Abergläubige

Alles ist wie verhext! Wenn eine schwarze Katze von links nach rechts (dann gibt's schlecht's) den Weg kreuzt, hält dieser Typ von Mann sich schnell die Augen zu, und an einem Freitag den 13. traut er sich kaum aus dem Haus. Doch das sind noch lange nicht seine einzigen Macken: So trauert er der D-Mark hinterher und hütet umso mehr seinen dreckigen kleinen Glückspfennig. Außerdem sucht er ständig die körperliche Nähe zum Schornsteinfeger und freut sich über dessen Rußabsonderungen. Ihn aber deswegen für homosexuell zu halten wäre falsch – Ihr Ex ist einfach abergläubisch!

Er glaubt an Zeichen von oben oder anderswo, hält sämtliche Begebenheiten und Begegnungen für Schicksal, schaut in die Sterne – und begründet sein Dasein auf Erden mit einer ganz besonderen Mission, die er aber noch nicht kennt. Bitte, da können Sie dem kleinen Spinner doch unter die Arme greifen. Geben Sie seinem Kismet ein paar Nachhilfestunden.

Ich sehe etwas, das du nicht siehst

Wenn Sie sich das Leiden dieses Typs eine Kleinigkeit kosten lassen wollen, engagieren Sie eine Wahrsagerin. Sie soll Ihren Ex auf der Straße abfangen und ihn mit allerhand Schauermärchen zutexten: Krankheiten, Familienprobleme, Jobsorgen ...

Die Alternative zur echten Wahrsagerin: Kramen Sie Ihre Karnevalssachen hervor, leihen Sie sich bei der netten Türkin aus dem benachbarten Gemüseladen einen bunten Rock sowie ein passendes Kopftuch und schicken Sie eine gute Freundin an die Front.

Ein Gruß von mir, ein Gruß von Nostradamus

Freuen wird sich der Abergläubige sicherlich über einen Flyer mit Weltuntergangsprognosen. Und so einen Mitteilungszettel zur Apokalypse können Sie schnell selbst per Hand oder mit dem Computer erstellen. Vergessen Sie dabei keinesfalls schreckliche Zukunftsvisionen, ein paar Dämonen und die bereits vor vielen hundert Jahren vorhergesagte Vernichtung der Menschheit. Dazu gibt es Bildchen von Riesenwellen, fetten Kraken und böse dreinblickenden Monstern. Fertig ist die Botschaft und bereit für seinen Briefkasten.

Als Alternative zum schriftlichen Verbreiten von Endzeitstimmung oder besser noch als Bekräftigung mit einer Woche Abstand: Schreiben Sie dem Abergläubigen ein Horrorhoroskop! Stress mit den Kollegen, ungeklärte Steuergeschichten, fiese Krankheiten – schildern Sie ihm die nächsten Tage als Höllentrip.

Und falls Ihnen das nicht reicht: Setzen Sie eine Hotline-Nummer für Rückfragen dazu. Gerne eine aus dem 0-190er-Bereich, denn nervös wie er ist, wird er nicht so schnell bemerken, dass ihm sein halbes Vermögen am Apparat flöten geht.

Der Schwerkraft ausgeliefert

Erzählen Sie Ihrem Verflossenen bei einem letzten Treffen von dem bevorstehenden kritischen Gespräch mit Ihrem Boss. Singen Sie Loblieder auf den Talisman Ihres Ex und in vorgetäuschter Überlegung, sich auch so einen anzuschaffen, lassen Sie sich ihn zeigen. Aber herrje, dann rutscht Ihnen plötzlich der geheiligte Glücksbringer aus der Hand und ist kaputt. Falls das Ding aus irgendeinem unzerstörbaren Material ist, lassen Sie es in einen Gulli fallen. Weg ist es!

Etwas Süßes für den Süßen

Fälschen Sie chinesische Glückskekse. Am besten geht das, wenn Sie die Süßigkeiten selbst backen.

Sie brauchen dafür drei Eiweiß, 60 Gramm Puderzucker, 45 Gramm Butter und 60 Gramm Mehl. Legen Sie das Backblech mit Backpapier aus und zeichnen Sie drei Kreise mit je acht Zentimeter Durchmesser auf das Papier. Dann das Eiweiß in einer Schüssel leicht schaumig schlagen. Den gesiebten Puderzucker und die zerlassene Butter dazugeben, anschließend das Mehl unterrühren, bis der Teig glatt ist. Mit der flachen Klinge eines Messers 1,5 gestrichene Teelöffel des Teigs auf jedem Kreis verstreichen. Den Ofen auf 180 Grad Celsius vorheizen und die Kekse fünf Minuten backen, bis die Teigränder leicht braun sind. Mit einer flachen Messerklinge die Kekse rasch vom Blech nehmen. Dann einen kleinen Zettel auf jeden Keks platzieren.

Und da dies ja Grusel- statt Glückskekse sein sollen, eignen sich am besten fiese hochtrabende Botschaften. Beispielsweise: „Neben dir ist jedes Schwein ein Gott." Schließlich den Kekskreis samt Zettel zu einem Halbkreis umschlagen und diesen noch einmal über einen stumpfkantigen Gegenstand wie einen Schüsselrand falten. Auf einem Drahtgitter auskühlen lassen. Nicht mehr als zwei bis drei Kekse auf einmal backen, da sie sonst zu schnell hart werden und beim Falten brechen. Gutes Gelingen und auf das ihm die Krümel vor Schreck im Halse stecken bleiben.

Puppenzauber

Wie wäre es mit einer Voodoo-Puppe? Simpel aus Strohhalmen gebastelt und mit Nadeln durchlöchert, treibt sie jedem Schisser den Angstschweiß auf die Stirn.

Bevor Sie ihm das Püppchen schicken, schauen Sie noch kurz beim Afro-Shop in Ihrer Nähe vorbei. Die kundigen Verkäufer werden Ihnen sicher einen Text à la „Möge dich der Fluch des großen Tubidu holen!“ übersetzen. Abergläubisch wie Ihr Verflossener ist, wird er sich den Satz erklären lassen und fortan panisch durch die Gegend laufen.

Heimarbeit

Falls Sie mit dem Schuft in denselben vier Wänden wohnen, hier noch ein Tipp: Konstruieren Sie ein mysteriöses Zeichen, beispielsweise aus Mehl oder Zucker, auf dem Küchentisch. Am Besten tun Sie dies nachts, wenn er schläft. Steht er dann morgens auf, wird er völlig aus dem Häuschen sein und alles für die Ankunft der Aliens vorbereiten.

Kurz, aber schmerzvoll

- Stecken Sie Ihrem Ex bei einem Wiedersehen den Tod in die Tasche – in Form der Tarotkarte Nummer 13.
- Wohnen Sie mit dem Typen noch zusammen, lockern Sie den Spiegel im Badezimmer, so dass das gute Stück beim nächsten Putzen – wenn er dran ist – oder während seines allmorgendlichen Rasierens in Scherben zerfällt.
- Haben Sie getrennte Wohnstätten, können Sie auch bei sich zu Hause den Spiegel vorpräparieren. Wenn er dann kommt, um noch ein paar Sachen zu holen, bitten Sie ihn schnell nach dem Spiegel zu schauen, der so schief hängt. Denn egal wo und wie das Ding fällt, bedeutet das für den Abergläubigen: sieben Jahre Unglück!

Wie es aussieht, gibt es allerhand Möglichkeiten, es Ihrer Sorte von Ex heimzuzahlen. Natürlich können Sie sich auch eine schwarze Katze besorgen oder einen Hund zum Heulen bringen (verkündet angeblich den Tod eines Familienmitglieds oder eines Freundes). Aber schön artig sein und die Vierbeiner zu nichts zwingen, worauf sie keine Lust haben. Also bitte, bitte, Fiffi nicht wild auf dem Schwanz herumtrappeln. Das kommt generell nicht in Frage.

Der Euro-Knauser

Unter den örtlichen Aldianern, Lidlisten und Pennyisten ist Ihr Ex bekannt wie ein bunter Hund. Kennt er doch jedes Sonderangebot der Billigsupermärkte. Statt leichter Lätta gibt es bei ihm daher lieber die Butella-Margarine, statt der Krönung trinkt er morgens den guten Albrecht-Kaffee. So, wie es sich für einen preisbewussten Menschen gehört. Löblich, löblich, wenn das alles wäre, könnte er sogar als perfekter Hausmann durchgehen. Doch da ist ja noch sein Problem. Der Herr ist schwerhörig. Nicht immer, seltsamerweise aber gerne, wenn es um Themen wie Bezahlen der Essensrechnung, Blumen mitbringen oder einen Drink ausgeben geht. In solchen Situationen schaltet er einfach auf Durchzug. Die Diagnose des gesundheitlichen Defekts: Er ist ein Geizkragen. Nach einem gemeinsamen Abend verfällt der Typ leise vor sich hinmurmelnd ins Kopfrechnen und hält spätestens am nächsten Morgen die Hand auf. Alles muss stimmen, keiner und vor allem er soll mehr bezahlt haben. Sei's drum: Zwingen Sie den Euro-Knauser in die Spendierhosen.

Die Rechnung bitte!

Bestellen Sie den Geizhals zu einem Abschiedsabendessen in ein Edelrestaurant. Damit er überhaupt kommt, kündigen Sie sich ihm als Zahlmeisterin an. Genießen Sie sodann die Vorspeise, schlürfen Sie Champagner und lassen Sie sich ein feudales Hauptgericht für mindestens 30 Euro servieren. Auch davon sollten Sie zwei, drei Bissen kosten – wo Sie schon einmal da sind –, dann aber langsam das Weite suchen. Täuschen Sie einen Toilettengang vor, sagen Sie, dass Sie etwas an der Garderobe vergessen haben oder dringendst eine Freundin anrufen müssen. So rauschen Sie ab, nicht aber ohne dem Kellner noch heimlich mitgeteilt zu haben: „Der Herr da hinten übernimmt die Rechnung!"

Die gemeinere Variante der vorangegangenen Idee: Nehmen Sie zusätzlich ein paar Freunde mit. Diese entschuldigen sich nach und nach wegen „wichtiger Termine", so dass Ihr Ex am Ende ganz alleine dasitzt und tatsächlich zu einem armen Kerlchen wird.

Bitte lächeln!

Sind Sie noch im Besitz seiner Autoschlüssel, bitten Sie einen männlichen Bekannten darum, einen Ausflug mit dem Wagen zu machen und dabei ordentlich Gas zu geben. Wäre doch ein Wunder, wenn auf dem Weg kein Blitzgerät zu finden wäre.

Kurz, aber schmerzvoll

- Altbekannt und stets mit hohen Kosten verbunden: Sind Sie bei ihm zu Besuch, greifen Sie zum Telefonhörer, wählen Sie schnell eine 0-190er-Nummer und legen Sie den Hörer unauffällig neben das Telefon.
- Verpfeifen Sie ihn bei der GEZ (Telefon-Hotline: 01 80/5 01 65 65). Verraten Sie dabei den Gebühreneintreibern seine Lieblingssendungen, damit die Herren auch wissen, wann sie am besten vorbeischauen sollten.
- Werfen Sie sämtliche Lebensmittel aus seinem Kühlschrank in den Müll und behaupten ihm gegenüber: „War alles schlecht, voller Schimmel …"
- Ähnlich wirksam: Lassen Sie aus Versehen sein bitter zusammengespartes teures Lieblingsparfüm fallen.

Der Kumpel für alle

Gestehen Sie es sich ein! So war es doch: Eigentlich hatten Sie in den vergangenen Tagen, Wochen, Monaten oder Jahren nicht nur eine Beziehung zu Ihrem Ex, sondern ebenso zu Thorsten, Christian, Karl, Peter, Sebastian, Michael, Dirk, Stefan und wie sie alle heißen mögen. Seine Jungs halt, mit denen er gerne mal ein Bierchen trinkt, Fußball schaut, Sport treibt, auch mal in den Urlaub fährt und auf die er nichts kommen lässt. Schließlich sind es, genau, seine Jungs, und es drängt sich der Eindruck auf, dass er sie zum Überleben braucht.

Zugeben würde er das natürlich nicht, dafür sprechen allerdings die Fakten: Alleine mit ihm ins Kino gehen? Nur wenn keiner von den Thorstens, Christians und Karls Zeit hat. Mal einen ruhigen Abend mit ihm vor dem Fernseher verbringen? Nur wenn er krank ist oder jeder Einzelne seiner Männerbekanntschaften ein Date mit einem weiblichen Wesen hat. Denn selbstverständlich gehören Frauen dazu, vor allem zum guten Image. Sie kommen und gehen, die Freunde bleiben. Denn was eine wahre Männerfreundschaft ist, da kann Frau nicht gegen an.

Denkste! Und das können Sie ihm nun im Rahmen Ihrer Rachefeldzüge einmal bestens klarmachen. Sorgen Sie dafür, dass sein Albtraum ein Stück weit Wirklichkeit wird: von der Horde verstoßen zu werden und plötzlich als einsamer Wolf durch die Prärie zu streunen. Im Klartext: Stören Sie seine Freundesidylle. Das wird Ihren Ex am meisten wurmen.

Schauermärchen

Tür auf und rein in die Gerüchteküche! Erwähnen Sie gegenüber einem seiner Freunde oder dessen Freundin, dass ihr Verflossener so oft von Thorstens, Christians oder Karls Po geschwärmt habe. Fragen Sie, ob dieser Hintern denn wirklich so „umwerfend geil" ist. Sicher werden sich daraufhin einige seiner Kollegen fragen, ob Ihr Ex sich unter einer Männerfreundschaft nicht doch etwas anderes vorstellt als sie.

Erzählen Sie einem aus der Clique, dass Ihr Ehemaliger ständig zu Hause über die Freunde lästert. Auch wenn Ihr Ex das Gegenteil behaupten wird und seine Kumpels ihm Glauben schenken mögen – im Hinterkopf behalten sie Ihre Geschichten und werden ihm gegenüber vorsichtiger sein.

Jagen im eigenen Revier

Baggern Sie bei nächster Gelegenheit seinen besten Freund an – natürlich nur, wenn der Gute kein Ekelpaket ist und es Sie keine Überwindung kostet. Verdrehen Sie dem Kerl den Kopf, so dass dieser ins Teenagerstadium zurückfällt, feuchte Träume von Ihnen hat und gar nicht mehr mit dem Schwärmen aufhören kann. Es wird Ihren Ex gewaltig ärgern, keinen Zugriff mehr auf diese „Traumfrau" zu haben.

Sagen Sie bei der Verabschiedung fast beiläufig zu Ihrem Ex, dass Sie mit einigen aus seiner Clique etwas gehabt hätten. Die abgeschwächtere Variante, aber ebenfalls reizvoll – schließlich wollen Sie ja sauber bleiben und sich nicht den Ruf ruinieren: Erzählen Sie ihm, dass Sie von einigen seiner viel gelobten Freunde unmissverständliche Angebote bekommen hätten. Er solle sich mal überlegen, was das für Freunde seien.

Ausflug ins Grüne

Wenn Sie noch ganz guten Kontakt zu seinen Kameraden haben, leiern Sie einen netten Wochenendtrip oder Kurzurlaub an. Der Termin: Wenn Ihr Ex aus welchen Gründen auch immer (Jobstress, Familienfeier oder Ähnliches) nicht kann.

Der Business-Boy

BB steht für Brigitte Bardot und Boris Becker, aber auch für die Kategorie Mann, zu der Ihr Ex gehört: den Business-Boy. Für ihn sind das Büro seine Heimat, die Kollegen seine Familie und sein Anzug eine Art Ganzkörperkondom, das ihn vor jedem Alltagsspaß schützt. Freizeit ist für ihn ein Fremdwort, Überstunden ganz normal. Er ist ein Arbeitstier, ständig bei „Meetings", zwischendurch auf der Suche nach der optimalen „Work-Life-Balance" und demnach später doch auf der „After-Work-Party". Geben sich andere beim Abendessen mit Messer, Gabel und Kerzenlicht zufrieden, gönnt dieser Typ von Mann Handy und Palm noch keinen Feierabend. Die zwei sind mit dabei – manchmal auch im Bett. Denn es könnte ja sein, „dass jemand vom Job anruft". Es könnte ja auch sein, dass er gebraucht wird.

Erstaunlich, dass so jemand überhaupt noch Zeit für (Fremd-)Sex hat. Aber wahrscheinlich reicht es nur für einen Quicki. Mehr ist nicht drin – zeitlich und Sie wissen schon.

Haben Sie das verdient? Nein. Das hat keine Frau verdient. Daher soll er weiter mit seinem Hintern auf dem Bürosessel rumrutschen und sich fiese Hämorhoiden holen. Lassen Sie ihn ziehen – wahrscheinlich zum nächsten Meeting –, verpassen Sie ihm vorher aber noch einen Denkzettel. Natürlich im Kreise seiner lieben „Familie", denn da trifft Ihre Aktion sicher ins Schwarze!

Die speziellen Vorlieben des Mr. X

Lassen Sie einen Freund bei der Sekretärin Ihres Ex anrufen und die Dame bitten, ihm eine Nachricht zu hinterlassen. Wichtige Terminänderung: „Die Lack- und

Lederfetischisten treffen sich heute nicht wie sonst in Carstens Gay-Club, sondern doch bei Markus im Peitschenparadies. Das Passwort bleibt unverändert Gummihöhle!" Natürlich sollte sich Ihr Bekannter dreimal höflich entschuldigen und betonen, wie unangenehm ihm dieser Anruf sei. Aber die Verlegung des Treffens sei sehr kurzfristig und dementsprechend dringlich die Nachricht …

Auch wenn seine Kollegen vermuten mögen, dass es sich um einen bösen Scherz handelt – sie werden sich trotzdem das Maul über ihn zerreißen und sich lustig machen.

Mit schönen Grüßen vom Headhunter

Faxen Sie angeblich von Ihrem Ex angeforderte Job- und Stellenangebote in sein Büro. Erfinden Sie einen Auftraggeber, nennen Sie eine obskure Headhunter-Firma und schreiben groß „auf Ihren Wunsch hin" auf dieses Dokument. Die ganze Aktion führen Sie selbstverständlich von einer Postzentrale aus durch, denn auch in diesem Fall sollte Ihr Ex Ihnen lieber nicht auf die Schliche kommen können.

The show must go on …

Engagieren Sie einen Bekannten, drücken Sie ihm ein Mikrophon in die Hand und ab geht es in die Wirkungsstätte des Business-Boy. Dort gibt sich Ihr Bekannter als Moderator einer neuen Sado-Maso-Show aus. Sein aktueller Sendungsauftrag: zwei gleich gesinnte Singles mit Hang zu harten Dominaspielen zusammenzubringen. Den devoten Part soll Ihr Ex übernehmen. Viel Spaß für die Kollegen und bevor dieser die Polizei wegen Hausfriedensbruch alarmieren kann, ist Ihr Helfer bereits wieder über alle Berge.

Eine Affäre in Ehren ...

Vorausgesetzt sein Chef sieht blendend aus, hat Geld und keine Frau, ist charmant und interessant, lassen Sie es auf eine kleine Affäre mit diesem Mann ankommen. Was meinen Sie, wie Ihr Ex schweißgebadet an seinem Computer sitzt und zittert. Denn als die Braut vom Boss haben Sie seine Zukunft mit in der Hand.

Auszeit

Bestellen Sie Ihren Ex während seiner Arbeitszeit zu einer wichtigen Unterredung in ein außerhalb gelegenes Café. Begründen Sie das Treffen mit einer möglichen Schwangerschaft oder ansteckenden Krankheit. Wer dann da ist, ist er. Sie aber stehen in einer Telefonzelle und rufen seinen Chef an. Der soll ruhig merken, dass sein Schützling es mit dem Job nicht so gewissenhaft nimmt und sich einfach einmal für ein paar Stunden verdrückt.

Rotlicht im Büro

Fahren Sie ins Rotlichtviertel, laden Sie sich dort eine gut aussehende Dame ins Auto und steuern Sie mit ihr gemeinsam die Arbeitsstelle Ihres Ex an. Gehüllt in einen bieder anmutenden Mantel schicken Sie die Vertreterin des horizontalen Gewerbes in sein Büro. Wird sie von der Sekretärin gestoppt, soll sie sich freundlich als seine Cousine oder Nachbarin ausgeben. Hat sie den Zielort erreicht, lässt die Prostituierte die Hüllen fallen und macht ihm in Spitzen-BH und Strapsen eine Szene: Sie wäre hier für die scharfe Schreibtischnummer, die er per Telefon geordert hatte, er wäre ja ganz wild darauf, wenn die Kollegen zuschauten ... Da die Gute jobbedingt hart im Nehmen ist, wird sie es verkraften, dass er sie wutschnaubend rausschmeißt. Mit den Augen klimpernd, fragt sie dann: „Wie, du bist nicht Herr XY? Der hat mich doch bestellt …Huch, dann ist das wohl alles ein Missverständnis." Kann komischerweise ja mal passieren.

Kleider machen Leute

Das weiß der Business-Boy am besten und legt besonderen Wert auf seine Garderobe. Wie ärgerlich daher, wenn Sie vor einem dringenden Termin sämtliche Krawatten und Anzüge in die Reinigung bringen. Selbstverständlich können Sie auch die Knöpfe an seinen Hemden lockern oder die Reißverschlüsse seiner Hosen manipulieren.

Diese Rachetipps reichen Ihnen noch nicht? Für die unermüdlichen unter Ihnen an dieser Stelle noch ein paar kleine Gemeinheiten:

Heimarbeit

- Falls Sie noch mit ihm zusammenleben, verstecken Sie wichtige Jobunterlagen Ihres Ex. Am besten stopfen Sie die Sachen einfach in den Papierschredder oder vertauschen die Unterlagen für seine nächste Präsentation, so dass er plötzlich die „Ausarbeitung zum Brunftverhalten der Platzhirsche" in den Händen hält, wenn er dem Kunden einen Vortrag halten muss.
- Hat er am nächsten Morgen einen Termin, stellen Sie den Wecker zurück. Soll er doch ruhig einmal verschlafen.
- Schütten Sie scheinbar aus Versehen Kaffee über seine Unterlagen.

Kurz, aber schmerzvoll

- Er hat ein wichtiges Geschäftsessen? Er muss wieder beruflich auf Reisen? Wunderbar, dann melden Sie doch vorher seine Kreditkarte als verloren und bitten um Sperrung des Plastikzahlmittels.
- Rufen Sie vor einer Betriebsfeier seine Sekretärin an und weisen Sie die Angestellte auf sein Alkoholproblem hin. Sie solle doch unauffällig ein wenig auf ihn achten und am besten auch die Kollegen über sein gestörtes Trinkverhalten informieren.
- Geben Sie sich als seine Sekretärin aus und stornieren Sie sein gebuchtes Hotelzimmer. In Großstadtmetropolen ist diese Racheaktion vor allem zu Messezeiten besonders effektvoll. Statt sich auf seinen Termin vorbereiten zu können oder sich nach der Flugreise/Bahnfahrt vor dem Termin noch frisch machen zu können, wird Ihr Ex mit seiner Tasche bepackt durch die Stadt hetzen, auf der Suche nach einem freien Zimmer.

Der Hypochonder

Ein Wehwehchen hier, ein Wehwehchen da. Nie ist er gesund. Mal sind es Kopfschmerzen, mal Magenkrämpfe, dann hat er ein Stechen in der Brust oder es ist etwas mit den Kniegelenken. Diagnosen gibt es einige, die einzig wahre jedoch ist: Ihr Verflossener fällt in die Kategorie Hypochonder. Regelmäßig tummelt er sich in den Wartezimmern verschiedenster Mediziner und schöpft so seine Krankenkassenansprüche bis auf den letzten Euro voll aus. Damit nicht genug: In den eigenen vier Wänden winselt er ebenfalls herum und will für sich und seine Leiden Aufmerksamkeit erhaschen. Verdammt nervig! Dieser Mann braucht keine Freundin oder Frau an seiner Seite, sondern eine Krankenschwester mit 24-Stunden-Schicht. Wenn Sie also nicht gerade an einem ausgeprägten Helfersyndrom leiden, sollten Sie froh sein, dass er die Station gewechselt hat. Verabreichen Sie ihm zum Abschied aber noch ein paar bittere Pillen:

Der Klassiker

Rufen Sie Ihren Ex an und sagen Sie ihm, dass Sie gerade auf dem Weg zum Arzt seien. Grund dafür sei Ihr One-Night-Stand, den Sie einige Wochen vor Ende der Beziehung hatten. Der damalige Partner habe festgestellt, dass er unter einer Geschlechtskrankheit „ähnlich wie Tripper" leide. Ihr Ex wird nichts Eiligeres zu tun haben, als gleich seinen Urologen um einen Termin anzubetteln.

Sollten Sie Ihren Ex nicht telefonisch erreichen, funktionieren auch Horrormeldungen via E-Mail oder Brief. Bei Wahl dieser Kommunikationsmittel legen Sie Ihrem Liebsten doch noch ein Schmankerl bei: Fotokopieren Sie ein äußerst ekeliges Ekzem aus einer Ärzte-Fachzeitschrift, legen Sie das Bild bei und behaupten Sie, Sie hätten diesen hochansteckenden (!) Ausschlag fast überall am Körper.

In aller Freundschaft

Reden Sie mit seinem Arzt einmal Tacheles. Der Lagebericht über Ihren Ehemaligen ist auch für seinen Onkel Doc eine wichtige Neuigkeit. Nicht dass dieser aufgrund der häufigen Besuche noch denkt, Ihr Ex sei total verknallt und stehe insgeheim auf die Kittel-Nummer. Ist erst einmal alles aufgeklärt, kann der Mediziner ihn beim nächsten Treffen an einen Psycho-Experten überweisen. Ihren Verflossenen wird das zu Tode erschrecken: Für ihn ist das wie weggeschubst zu werden, bedeutet es den Verlust eines Verbündeten und das Ende einer guten Freundschaft.

Bei Anruf Ärger

Bitten Sie eine gute Freundin um Hilfe. Sie soll sich als Arzthelferin seines Hausmediziners ausgeben und Ihrem Ex telefonisch mitteilen, dass es da etwas Ernstes gäbe, worüber der Doktor mit ihm sprechen müsste. Der vereinbarte Termin fällt am Besten mitten in seine Arbeitszeit. So macht Ihr Ex sich a) ziemlich lächerlich, wenn er vor Panik schweißgebadet zitternd bei der Anmeldung steht, und b) muss er sich dafür von seinem Arbeitsplatz entfernen, was vom Boss gar nicht gern gesehen wird.

Hausapotheke

Was dem Musikliebhaber seine Plattensammlung, ist dem Hypochonder sein kleines Täschchen mit allerhand Mittelchen, Pillen, Cremes, Salben, Verbänden und vielen anderen Utensilien. Nicht auszudenken, wenn das Beutelchen plötzlich leer wäre! Zur Verwirklichung dieses Albtraums können Sie beitragen. Entsorgen Sie den Erste-Hilfe-Vorrat. Wenn er Sie darauf anspricht, erzählen Sie ihm, das Verfallsdatum sei abgelaufen.

Heimarbeit

- Falls Sie mit Ihrem Ex noch zusammenwohnen und so zwangsläufig in unmittelbarer Nähe seines Krankenlagers weilen, gibt es hier weitere Tipps für die Heimarbeit:
- Geben Sie ihm Rote-Beete-Saft zu trinken. Der sorgt für einen rötlichen Schimmer im Urin. Zugegebenermaßen wird es nicht leicht sein, ihm diesen Trank zu verabreichen. Daher mein Vorschlag: Jubeln Sie ihm den Saft als neuen, besonders fruchtigen Öko-Rotwein unter.
- Träufeln Sie nachts, während er schläft, gelbliche Flüssigkeit (zum Beispiel Orangen- oder Apfelsaft) auf seine Unterhose. Natürlich können Sie auch seine helle Sporthose nehmen. Hauptsache Ihr Ex stürzt in tiefe Gedanken und Zweifel und glaubt, er habe seine Blase nicht mehr im Griff und leide an Harninkontinenz.
- Mischen Sie Ihrem Ex mehrmals hintereinander Abführmittel unter das Essen. So oft, wie er daraufhin das stille Örtchen besuchen muss, glaubt er an ein gemeines Magengeschwür oder eine fiese Darmerkrankung.

Kurz, aber schmerzvoll

- Egal, wann und wo Sie Ihren Verflossenen das nächste Mal treffen – geben Sie Ihrer Stimme einen besorgten Unterton und begrüßen Sie ihn mit den Worten: „Großer Gott, du sieht aber gar nicht gut aus. Bist richtig blass, und was sind das für seltsame rote Flecken an Deinem Auge …"
- Sammeln Sie über ein paar Tage hinweg seine ausgefallenen Haare. Wenn Sie genug beisammen haben, präsentieren Sie ihm diese gerade so, als ob Sie das Büschel komplett in einem aus dem Duschabfluss gefischt hätten. Mit ernster Miene erklären Sie ihm, dass derartiger Haarverlust gar nicht normal ist und irgendeine Körperfunktionsstörung vorliegen muss.
- Stecken Sie Ihrem Ex medizinisches Infomaterial, am Besten über Viruserkrankungen und deren Ansteckungsgefahr, in den Briefkasten. Schon beim Lesen derartiger Berichte fängt der Hypochonder an, sich zu kratzen, und denkt, auch ihn habe es erwischt.

Meister Proper

Hereinspaziert bei Herrn Saubermann! Vorher aber sollten Sie unbedingt die Schuhe ausziehen, den nassen Regenschirm schnell in den Ständer stellen, die Jacke brav an die Garderobe hängen und wenn möglich beim anschließenden Kuchenessen bitte schön kein Krümelchen fallen lassen. Schließlich soll der Boden bleiben, wie er ist: blitzblank!

Ja, Ihr Verflossener ist kleinlich in Sachen Reinlichkeit. Ist es bei manchen Menschen der Anblick von grauen Hausmäusen, die sie lauthals losschreien lässt, reichen bei Ihrem Ex bereits Staubmäuse aus. So etwas in seiner Wohnung – ein Gräuel für ihn. Immerhin ist er der menschgewordene Meister Proper, in dessen Umgebung kein Staubkörnchen ein Zuhause finden wird. Versuchen Sie jetzt aber bitte nicht, ihn zu therapieren. Auch wenn Sie schon länger die Vermutung haben, dass er in der Kindheit ein traumatisches Erlebnis mit einem Wischmopp hatte. Nein, denken Sie nicht drüber nach, was in vergangenen Jahren alles passiert sein könnte. Erinnern Sie sich lieber daran, was er Ihnen angetan hat, und verfolgen Sie Ihre Rachegelüste.

Heimzoo

Sorgen Sie für Leben in seiner Bude! Dafür müssen Sie sich nicht einmal in Unkosten stürzen. Ein paar Essensreste an ruhigen Orten, beispielsweise hinter Schränken deponiert, und schon ist Ihr Ex nicht mehr allein zu Haus.

Wollen Sie ihn mit Maden beglücken, nehmen Sie für das Versteckspiel Fleisch. Sollen es die kleinen Drosophilas alias Fruchtfliegen sein, ist Obst die richtige Wahl. Fertig ist der Heimzoo!

Es liegt was in der Luft

Verstecken Sie bei einer sich bietenden Gelegenheit Stinkkäse in seinem Kleiderschrank oder hinter der Heizung. Bis er das Stück findet, hat es längst seinen Dienst getan und seine Wohnung mit bestialischem Mief erfüllt.

Informieren Sie die Hausverwaltung Ihres Meister Proper darüber, dass er angeblich nie den Flur putzt. Oder beschweren Sie sich anonym über den unangenehmen Geruch im Treppenhaus und behaupten Sie, dass dieser eindeutig aus seiner Wohnung kommt. Eine solche Beschuldigung ist für jeden Sauberkeitsfanatiker Rufmord.

Kramen Sie vor einem Stelldichein in der Wohnung Ihres Ex ein Paar Ihrer alten Schuhe hervor und gehen Sie damit in der nächsten Hundetoilette spazieren. Sicher finden Sie die eine oder andere Hinterlassenschaft der Vierbeiner, die hervorragend an Ihren Schuhen kleben bleibt. Beim Betreten seines Reichs überhören Sie das „Schuhe ausziehen" und reiben erst einmal genüsslich den Dreck von Ihren Tretern in seinen Teppich.

Was da kreucht und fleucht ...

Schenken Sie Kakerlaken die Freiheit! Und das in seiner Küche, bei Ihrem nächsten Besuch. Besorgen Sie sich dafür lebende Tierchen aus der Zoohandlung oder stöbern Sie – falls bei Ihnen der Ekel ausbricht – in einem Scherzartikelladen im Internet. Hier gibt es die Krabbelviecher in der Plastikausführung (Bestelladressen siehe Seite 226ff).

Let's party

Wie wäre es mit einer Schaumparty – mitten in seiner Küche? Bei der sich zentimeterhoch die blubbernde Seifenlauge ausbreitet und gegen die auch der emsigste Mister Saubermann nicht anputzen kann? Überzeugt? Dann füllen Sie eine großzügige Ladung Spülmittel in seine Spülmaschine. Den Rest erledigt die Technik.

Es grünt so grün

Erinnern Sie sich an Ihre Kindergartenzeit? Haben Sie damals nicht gestaunt, wie einfach und schnell Kressesamen aufgehen und wachsen? Die Sprösslinge sind genügsam. Sie brauchen keine Erde, dafür aber jede Menge Feuchtigkeit. Die können sie kriegen, und das auch auf seinem Teppich. Ist er also für einige Tage unterwegs, nutzen Sie Ihren Zweitschlüssel. Gehen Sie in seine Wohnung, befeuchten Sie seinen plüschigen Bodenbelag und verstreuen Sie die Samen. Und schon wird sich das Grünzeug wie von Zauberhand mit aller Macht entfalten.

Kurz, aber schmerzvoll

- Hängen Sie in einem einschlägigen Gay-Club eine Anzeige mit seiner Telefonnummer aus. Wortlaut: „Will meinen Putzfimmel ausleben, auch nackt. Komme bestimmt in jede Ecke und vor allem in jede(r) Ritze".
- Leistet sich Ihr Ex eine Reinigungskraft, bieten Sie der Frau das Doppelte, so dass sie den Job bei ihm kündigt. Pech für ihn, zumal gute Putzfrauen schwer zu finden sind.

Der Bodyguard

Achtung Männer! Dieser Kerl ist gefährlich: Kommt ein anderer Geschlechtsgenosse seiner Beute auch nur zu nahe, brennen bei ihm einige Sicherungen durch, und er flippt aus. Seine Beute, das ist seine Frau. Also Vorsicht, lieber Kellner, wenn Sie im Beisein der beiden zu lange brauchen, um die Flasche zu öffnen. Geben Sie Acht, netter Nachbar, wenn Sie die Gute nach etwas Zucker fragen. Seien Sie auf der Hut, werter Arbeitskollege, wenn Sie die Dame vom Job nach Hause fahren. Denn in derartigen Fällen kann der besagte Mann plötzlich hektische Flecken im Gesicht bekommen, seine Hände könnten nervös zucken, und nicht selten fängt er an zu pöbeln. Und warum das alles? Weil er unglaublich eifersüchtig ist und in jedem anderen Mann einen Konkurrenten sieht. Am liebsten würde dieser Männertyp ja seine Partnerin an die Leine nehmen wollen – und bestimmt nicht an eine lange.

Da eine Leine in aller Öffentlichkeit aber schwer nach Sadomaso-Spielchen aussehen würde, lässt er das lieber und spielt stattdessen den Bodyguard. Selbst wenn sein „kleines Herzchen" im Restaurant einmal auf die Toilette muss, weicht er nicht von ihrer Seite. Der Typ bringt seine Partnerin zur Tür, wartet, bis sie wieder herauskommt, und begleitet sie zu ihrem Platz.

Kommt Ihnen das alles bekannt vor? Dann war Ihr Ex also ebenfalls einer, der unentspannt immer und überall einen Nebenbuhler witterte. Eine bedauernswerte Kreatur, so ein Mann, denn sein „Finger-weg-von-meiner-Frau"-Getue hört zumeist auch dann nicht auf, wenn die Partnerschaft beendet ist. Er glaubt weiterhin, dass die Ehemalige sein Besitz ist. Für Sie ist das umso besser, denn Sie wissen ja, was ihn zur Weißglut treibt.

Die schönen Söhne anderer Mütter

War da nicht auf der letzten Party dieser süße Typ mit dem Knackarsch? Bekam Ihr Ex nicht schon Augenzucken, als er bemerkte, dass dieser Mann Sie sympathisch findet? Und was ist mit Ihrem Arbeitskollegen: Hat Ihr Ex Ihnen nicht einmal unterstellt, Sie wären scharf auf den Kerl? Bingo! Ordern Sie den vermeintlich Verdächtigen zum Date und kreuzen Sie dann mit diesem eng umschlungen in der Lieblingskneipe des Ex auf. Es wird den Bodyguard fuchsen, dass jetzt ein verhasster anderer Mann Spaß mit Ihnen hat.

Die Variante mit besserer Erfolgschance: Nehmen Sie gleich zwei Männer, selbstverständlich Exemplare mit Neidfaktor zehn und lassen Sie sich von dem Duo vor seinen Augen richtig umschwärmen. Wenn solche Herrschaften Ihnen im Bekanntenkreis nicht zur Verfügung stehen, versuchen Sie es einmal auf dem Uni-Campus. Studenten freuen sich bekanntermaßen immer über einen kleinen Zuverdienst.

Kein Mangel an Beweisen

Lassen Sie Ihren Anrufbeantworter von einer erotischen Männerstimme besprechen. Ruft Ihr Ex dann bei Ihnen an und fragt nach dem neuen Unbekannten, mimen Sie die Ahnungslose und seufzen: „Ach, Carlos macht immer so Sachen. Oder war es Tom? Vielleicht war es auch Stefan."

Kündigt Ihr Ex seinen Besuch an, um möglicherweise noch ein paar Sachen abzuholen, statten Sie Ihre Wohnung mit unverkennbar männlichen Besitztümern aus: eine angebrochene Eau-de-Toilette-Flasche im Bad, eine sexy Unterhose sichtbar unter dem Kopfkissen hervorlugend, ein Herrenhemd auf Ihrem Wäschestapel. Es wird schwer an seinem Ego kratzen, dass Sie sich so schnell einen Neuen gesucht haben, und er wird sich den Kopf zerbrechen, wie Sie ihn so schnell vergessen konnten.

Geben Sie einer Freundin Bescheid, wann Mister Bodyguard bei Ihnen vorbeikommt. Sie soll Sie zu besagter Zeit anrufen. Tun Sie dann so, als ob am anderen Ende der Leitung ein Typ ist. Bedanken Sie sich für den berauschenden Abend, schwärmen Sie flüsternd, aber für Ihren Ex hörbar von „einfühlsamen Händen" und einem „starken Oberkörper". Natürlich können Sie auch Ihrer Freundin von einem „wilden und willigen Hengst mit Dauererektion" erzählen und sie bitten, etwas später noch einmal durchzuklingeln. Es würde jetzt gerade nicht so passen …

Die Geister, die sie rief

Sollte sich der Mistkerl umgehend eine Neue geangelt haben, sorgen Sie dafür, dass Ihre Nachfolgerin gleich einen Eindruck von seinem cholerischen Verhalten bekommt:

Überraschen Sie seine neue Flamme mit einem Fleurop-Strauß roter Rosen. Stecken Sie ihr Karten mit heißem Liebesgeflüster in den Briefkasten oder beglücken Sie die Dame per Post mit Pralinen sexy Unterwäsche oder Parfüm. Absender aller Nettigkeiten ist der große unbekannte Verehrer. Das wird den Bodyguard aus der Haut fahren lassen.

Engagieren Sie einen Typen Marke „Womanizer". Er soll dem neuen „kleinen Herzchen" Ihres Ex schöne Augen machen und in dessen Beisein heftigst mit ihr flirten. Am Besten nehmen Sie dafür einen Mann, der keinen Irrglauben bezüglich seiner Muskelkraft aufkommen lässt. Sprich: Er sollte etwa zwei Meter groß und 90 Kilogramm schwer sein. So kommt der Ex gar nicht erst auf den Gedanken, gegen den Rivalen vorzugehen, sondern muss grollend klein beigeben.

Lass Blumen sprechen

Diese Rachevariante geht ein wenig ans Kleingeld: Schicken Sie sich selber Blumen. Es müssen nicht gleich rote Rosen sein. Wie wäre es mit einem Strauß Phalenopis (Bedeutung = „Ich begehre dich leidenschaftlich.“), Tulpen („In meiner Liebe zu dir fühle ich mich im siebten Himmel.“), Anemonen („Ich möchte ganz bei dir sein.“) oder Feuerlilien („Mein Herz glüht in unendlicher Liebe zu dir.“). Schaut Ihr Ex argwöhnisch und runzelt die Stirn, fragen Sie ihn keck: „Ach, weißt du zufällig, was die Blumen bedeuten?“ Sicher hat er nichts Eiligeres zu tun, als im Internet oder Blumenladen nach einer Antwort zu suchen.

Neue Männer braucht das Land

Lassen Sie der Dame Freikarten für den Auftritt der Chippendales oder American Dream Men oder irgendeiner anderen heißen Stripper-Truppe zukommen. Schicken Sie ihr die Platzkarten (erste Reihe, versteht sich) per Post zu und legen Sie ein Anschreiben bei, das erklärt, sie habe die Karten in einem Preisausschreiben gewonnen. Die einzige Bedingung sei, dass sie in weiblicher Begleitung erscheinen müsse. So etwas lässt sich keine Frau entgehen.

Heimarbeit

- Teilen Sie mit dem Typen noch Bad und Küche, sollte es Ihnen ein Leichtes sein, das Blut des Misstrauischen in Wallung zu bringen:
- Kaufen Sie Kondome – am besten welche von der Sorte XXL – und deponieren Sie diese offensichtlich in der Wohnung.
- Stellen Sie demonstrativ den Fleckenteufel „Sperma" auf die Waschmaschine und lassen Sie daneben das zusammengeknüllte Bettlaken liegen.
- Bitten Sie eine Freundin, Ihnen eindeutige SMS zu schicken. Ihre Freundin muss natürlich daran denken, Ihre Rufnummer zu unterdrücken, oder sie schickt Ihnen die Mitteilungen über einen Internetservice. Lassen Sie Ihr Handy dann für Ihren Ex sichtbar herumliegen.
- Die Methode funktioniert auch mit Postkarten: Machen Sie sich die Mühe und schreiben Sie sich selbst eine Karte, auf der sich ein Namenloser für „den netten Abend" bedankt und auf eine Wiederholung hofft.
- Übernachten Sie ab und an bei einer Freundin, ohne ihm zu sagen, wo Sie sind. Schlaflose Nächte sind ihm damit garantiert.
- Kommen Sie später als üblich vom Job nach Hause und ignorieren Sie sein bohrendes Nachfragen.

Der Potenzprotzer

20-60-10 sind nicht die Maße irgendeiner seltenen chinesischen Bauchvase, sondern die Zahlen, die der Potenzprotzer gerne unter Männern zum Besten gibt. Dabei handelt es sich

a) um die Länge seines erigierten Penis in Zentimetern,
b) um die Mindestdauer seiner Leistungsfähigkeit in Minuten und
c) um die Anzahl der Orgasmen, die er einer Frau mit a) in der Zeit b) bereiten kann – Übertreibungen in allen drei Fällen inbegriffen.

Aber so ist Ihr Ex: tief im Glauben, ein Sexmonster zu sein, das in Sachen Lakenkunst unschlagbar ist. Gerne sieht er sich selbst als wilden Hengst, Beglücker der Weiblichkeit und strotzend vor Manneskraft. Ständig fasst er sich in die Hose, faselt bei Nachfragen irgendetwas von „Kampagne gegen die Erdanziehungskraft" oder „Sicherstellung der Kronjuwelen" – dabei könnte der Grund für seine Selbstbegrapschung auch ein juckender Pilzbefall direkt unter der Vorhaut sein! Und nach jedem Sex will er hören, dass er das Supertier ist. Gähn!

Genug gesagt über so viel Einfältigkeit, die Fakten sind festgehalten. Doch was trifft diese Spezies am härtesten? Genau, ein Tritt in die Weichteile. Bitte nehmen Sie das jetzt nicht wörtlich – eine Anklage wegen Körperverletzung könnte für Sie die Folge sein –, sondern besinnen Sie sich lieber auf die Kunst gekonnter Rachefeldzüge.

Ohne Hilfe geht es nicht ...

Mister Bombastic hat eine Neue? Dann schicken Sie ihr doch ein halb leeres Fläschchen mit Erektionstropfen und legen Sie einen Infozettel bei: „Am Besten

Thomas (oder wie auch immer Ihr Ex heißt) unters Essen mischen. Er redet nämlich nicht gerne darüber, aber ohne geht es auf Dauer nicht." Natürlich tut es auch eine angebrochene Packung Viagra.

Wenn der Urologe dreimal klingelt

Geben Sie sich als Arzthelferin seines Urologen aus und teilen Sie per Telefon seiner Sekretärin mit, dass „der Behandlungstermin bezüglich instabiler Potenz" leider verschoben werden muss.

Wenn Beate Uhse dreimal klingelt

Beauftragen Sie einen lieben Freund, Ihren Ex im Büro mit einigen Beate-Uhse-Produkten zu beglücken. Dabei soll der Pseudo-Bote seiner Sekretärin etwas von „Sonderservice für Treuekunden" erzählen und wild mit einer Penispumpe herumfuchteln – damit auch ja keiner glaubt, er sei nur der Pizzabote. Wird es dann zu heikel, entschuldigt sich Ihr Bekannter natürlich allerhöflichst, spricht von „blödem Irrtum", „Fehler in der Datenbank", ‚Kann ja mal passieren und darf es zur Entschädigung nicht vielleicht doch die Pumpe sein?".

Märchenstunde

- Erzählen Sie Ihrem Ex mit Grabesstimme, dass Sie schon lange die Pille abgesetzt haben und trotzdem nicht schwanger geworden sind. Der Onkel Doc könne aber keine Probleme bei Ihnen feststellen. Komisch, oder? Nein. Wenn nicht all seine Gehirnzellen zwischen seine Beine gerutscht sind und er doch noch ein bisschen scharf kombinieren kann, steht auch für ihn fest: Er ist impotent!

- Erzählen Sie Ihrem Ex, dass der Gynäkologe bei Ihnen einen fiesen, ansteckenden Geschlechtspilz entdeckt hätte, der in seinem Auftreten noch völlig unerforscht ist. Es würde vermutet, dass der Pilz Frauen unfruchtbar machen könne. Viel wahrscheinlicher seien aber dauerhafte irreparable Erektionsprobleme beim Mann.
- Rufen Sie bei seiner Sekretärin an. Sie soll Ihren Ex bitte fragen, wann Sie endlich Ihre Vibratorensammlung abholen können. Das alles sei Ihnen vor ihr natürlich furchtbar peinlich. In einem genuschelten Nebensatz können Sie ja noch Bemerkungen wie „die einzigen Glücksbringer“ oder „gegen die tote Hose“ fallen lassen.
- Falls Sie jemand fragt, warum Sie nicht mehr mit Ihrem Verflossenen zusammen sind, sagen Sie, dass er es mit der Körperhygiene – vor allem im Intimbereich – nicht so genau genommen hätte. Mehr als einmal die Woche waschen sei da nicht gewesen. Solche Gerüchte über sein bestes Stück hört der Potenzprotzer gar nicht gerne.

Lauter als Sally

Wenn Sie einen seiner Freunde treffen, erzählen Sie doch beiläufig, dass Sie gerne an einem „Harry-und-Sally“-Wettbewerb teilnehmen würden. Sprich: an irgendeiner Veranstaltung, bei der es für den besten gespielten Orgasmus einen tollen Preis gibt. Ohne vorher üben zu müssen, würden Sie sicherlich als Siegerin hervorgehen. Schließlich hätten Sie dem Ex andauernd etwas vorspielen müssen.

Selbsthilfegruppe EXen

Wie wäre es mit einem Ehemaligen-Stammtisch? Treffen alle zwei Monate und immer mit einem Diskussionsthema, das durch eine Kleinanzeige im Lokalblatt bekannt gegeben wird. Zum Beispiel: „Stammtisch der EXen von Thomas B. am 12. März, 20 Uhr bei ‚Lucio'. Geplantes Thema: ‚Thomas und seine Potenzprobleme'."

Guter Rat ist teuer ...

Besorgen Sie sich kostenlose Broschüren und Infozettel zum Thema Erektionsprobleme – die gibt es zum Beispiel beim Urologen oder unter www.der-gesunde-mann.de – und lassen Sie das Material in einer Klarsichtfolie in seinem Büro abgeben. Selbstverständlich mit dem Vermerk: „Die von Ihnen DRINGEND angeforderten Unterlagen!"

Die delikatere Variante dieser Racheaktion: Finden Sie den Namen seines Chefs heraus und schicken Sie diesem Infomaterial über Potenzprobleme. Beigelegter Hinweis: „Wie unser treuer Kunde – hier den Namen Ihres Ex eintragen – uns mitteilte, haben Sie Sorgen. Wir können helfen." Was meinen Sie, wie der Boss Ihrem Ex die Hölle heiß machen wird.

Heimarbeit

Keine weiteren Nachfragen zu dem eigentlich unerklärlichen Warum oder Weshalb – falls Sie mit diesem Typen immer noch unter einem Dach hausen, befolgen Sie den einen oder anderen der folgenden gut gemeinten Ratschläge:

- Schlafen Sie einfach beim Sex mit ihm – falls es dazu noch einmal kommt – ein und fragen am nächsten Morgen: „War da was? Habe nichts mitgekriegt."
- Verweigern Sie den Sex mit den Worten: „Nee, hatte heute schon genug Begegnungen mit Nieten."
- Fuchteln Sie während des Sex mit einem Vibrator rum und fragen Sie hektisch: „Brauch ich den? Soll ich dich ablösen?"
- Ähnliches geben Sie Ihrem Ex zu verstehen, wenn Sie ihm eine Gummipuppe mitbringen – zum Üben, versteht sich.
- Holen Sie sich am Kiosk eine Zeitschrift wie „Playgirl" und bestaunen Sie in seinem Beisein die Längenausmaße der männlichen Geschlechter. Natürlich nicht ohne voller Verzückung anzumerken, dass das da ja kein Vergleich zu seinem so viel gepriesenen „Willi" sei. Seien Sie sich sicher, Mister Bombastic wird in eine tiefe Ego-Krise stürzen, und die „Kronjuwelen" sind auf einmal nichts mehr als poplige Kieselsteine.

Kurz, aber schmerzvoll

- Kreuzen Sie am Arbeitsplatz Ihres Ehemaligen auf oder besuchen Sie ihn beim Fitnesstraining. Werfen Sie ihm eine Plastiktüte mit Kondomen vor die Füße, die Sie vorher unübersehbar mit XXS beschriftet haben. Folgende Worte werden ihm die Schamesröte ins Gesicht treiben: „Waren doch deine, oder? Wollte Sie schon behalten, aber mein Neuer hat XXL. Dem platzen deine Dinger schon am kleinen Finger ..."
- Vertrauen Sie seiner neuen Freundin an, dass Mister Sexbombe eigenartige sexuelle Vorlieben habe und im Schlaf ständig „Mutter" ruft oder Männernamen murmelt.

- Teilen Sie seiner Vorzimmerdame mit, dass das Casting für die männliche Porno-Statistenrolle im Streifen „Geile Sekretärinnen, Teil 5“ um zwei Tage verschoben werden muss. Grund: zu wenig weibliche Darstellerinnen. Seine Sekretärin wird sich kaum verkneifen können, die Neuigkeit via Mundpropaganda zu verbreiten.

Der Kinderhasser

Sperma wäre – hätte Ihr Ex das Sagen – nichts weiter als eine unbedeutende milchige Flüssigkeit. Auf keinen Fall aber enthielte es Inhaltsstoffe, mit denen jenes buchstäblich erzeugt werden kann, was für Ihren Ehemaligen der Horror ist: Kinder. Um ihre Wirkungsstätten wie Spielplätze, Freibäder und Kindergärten macht Ihr Ex einen großen Bogen. Einen selbigen macht er auch um schwangere Frauen. Sie betrachtet er mit Argwohn und versteht nicht, wie sie sich dazu haben entscheiden können, ein weiteres kleines Monster auf die Menschheit loszulassen.

Natürlich, er war auch einmal klein, aber genauso natürlich war er „ganz anders" als die heutigen Dreikäsehochs: nicht laut und quengelnd, nicht gierig und verwöhnt, nicht frech und nervtötend. Gut, lassen Sie ihn in seinem Glauben.

Seine ausgeprägte Abneigung gegenüber Pamperstrügern, Bobby-Car-Fahrern, ABC-Schützen und sonstigen Nachwuchsvertretern allerdings ignorieren Sie. Das und die Missetaten Ihnen gegenüber im Hinterkopf reichen doch hoffentlich als Ansporn zur Vergeltung, oder? Quälen Sie ihn einfach ein wenig, getreu dem Glauben „alles reine Gewöhnungssache".

Ihr Kinderlein kommet ...

Sollten Sie zufälligerweise eine Kindergärtnerin in Ihrer Bekanntschaft haben, schikken Sie diese mitsamt ihrer Truppe auf eine Ex-Exkursion. Während die Kids seine Bude stürmen, im Glauben irgendwo sei ein Schatz versteckt, klärt sich zwischen der Erzieherin und Ihrem Verflossenen das Missverständnis auf: „Ach, falsche Hausnummer?! Das hier ist gar nicht die Wohnung mit dem Kinderspaß-Paradies?!

Und der Goldschatz, Fehlanzeige?! Na so etwas …" Zurück bleiben Ihr Ex und ein heilloses Chaos.

Übrigens: Dies ist auch ein netter Rachefeldzug für den ordnungsliebenden Mister Saubermann. Besonders dann, wenn die Kinder zuvor bei regnerischem Herbstwetter einen matschigen Parkweg entlanggelaufen sind.

Märchenstunde

Das Szenario für das nächste Treffen mit Ihrem Ehemaligen: Ein nebenbei erwähntes „Ich habe meine Tage noch nicht" sorgt für ersten Angstschweiß auf seiner Stirn. Dazu noch ein „Mein Bauch ist irgendwie dicker geworden" lässt ihn das Taschentuch zücken, um den Schweiß abzuwischen. Sollten Sie etwa schwanger sein? Vielleicht. Lassen Sie Ihren Ex mit diesem Gedanken alleine und bereiten Sie ihm so ein paar schlaflose Nächte.

Ihr Verflossener freut sich sicherlich auch über eine Liste mit den aktuellen Alimentetarifen. Schicken Sie ihm diese mit der Info zu, dass Sie wahrscheinlich schwanger sind. Zuckt der Kinderhasser gleichgültig die Achseln, streuen Sie das Gerücht in seinem Bekanntenkreis. Mimen Sie bei den Freunden die Enttäuschte und pressen Sie gegenüber seinen Eltern mit wimmernder Stimme hervor: „Hätte ich ja nicht von ihm gedacht!" Wenn sich nachher alles als falscher Alarm herausstellt, schieben Sie es auf den „echt unzuverlässigen weiblichen Zyklus".

Heimarbeit

- Für den Fall, dass Sie es bislang nicht geschafft haben, sich eine neue Bleibe zu suchen, und noch immer mit Ihrem Ex zusammenwohnen, bieten sich Ihnen weitere Möglichkeiten, Rache zu nehmen:
- Betätigen Sie sich als Blockflötenlehrerin und geben Sie Erstklässlern Unterricht – natürlich in Ihrer Wohnung.
- Fälschen Sie das Ergebnis eines Schwangerschaftstests und lassen Sie den Überbringer der frohen Kunde offen herumliegen.
- Kaufen Sie Babyklamotten oder besorgen Sie sich von einer schwangeren Freundin ein Ultraschallbild und deponieren Sie auch diese Beweisstücke so, dass er sie nicht übersehen kann.
- Spielen Sie den Babysitter – als Übung für das eigene Mutterglück – und lassen Sie die Kinderlein zu sich kommen.
- Bieten Sie Ihren Freunden an, ab jetzt alle Kindergeburtstage in der gemeinsamen Wohnung von Ihnen und Ihrem Ex zu feiern.
- Laden Sie eine Großfamilie am Wochenende zum Kaffee ein und schlagen Sie den gestressten Eltern vor, dass die Kinder über Nacht bei Ihnen bleiben können.

Kurz, aber schmerzvoll

- Erzählen Sie allen Mädchen und Jungen aus der Nachbarschaft Ihres Ex, er arbeite in einer Schokoladenfabrik und verschenke die Süßigkeiten gerne an Kinder. Sie sollten einfach einmal bei ihm klingeln.
- Stellen Sie ihm einen wunderbaren Ausflug in Aussicht und fahren Sie mit ihm zu

einem Kinderflohmarkt, Turnfest oder ähnlichem Tummelplatz der Knirpse.

- Werfen Sie Ihrem Ex einen Zettel in den Briefkasten, auf dem zu lesen ist, dass in der Wohnung neben seiner ein 24-Stunden-Kinderhort eröffnet wird. Allein schon der Gedanke wird ihn verrückt machen und mögliche Anrufe bei der Hausverwaltung outen ihn auch dort als abscheulich-krankhaften Kinderhasser.

Der Möchtegern-Mister-Germany

Brust raus, Bauch rein und die Oberarme verdächtig angespannt: Diesem Typen von Mann ist es ziemlich egal, dass es sprechende Spiegel nur in Märchen gibt. Denn in Pose gebracht, ist für ihn nur eine Antwort auf die Frage „Spieglein, Spieglein an der Wand, wer ist der Schönste im ganzen Land?“ vorstellbar. Klar: Er! Daran besteht für ihn als Narzist kein Zweifel, und da dies so bleiben soll, tut er etwas für sich: Im Bad des Möchtegern-Misters-Germany türmen sich die Cremedöschen, in seinem Portemonnaie steckt die Zehnerkarte für das Sonnenstudio direkt neben der Kundenmarke für das Fitnesscenter und seinem Kalender mit den Terminen bei der Kosmetikerin.

Falls Sie sich schon immer fragten, ob er normal ist, lassen Sie sich sagen: Nein, ist er nicht. Vielmehr fällt Ihr Ex in die absonderliche Kategorie „Einmannsekte“ und vergöttert als Alleinvertreter sein Abbild. Sie können heilfroh sein, dass sich dieser Pseudo-Schönling nun von einer anderen die selbstverständlich frisch pedikürten Füße küssen lässt.

Haben Sie sich einmal gefragt, was Sie gemeinsam mit all dem schönen Geld hätten anstellen können, das er für Haarlack, Fett-weg-Pillen und Pickel-Abdeckstifte verplempert hat? Nein, überlegen Sie nicht weiter. Lassen Sie den Typen lieber mit Ihren Rachefeldzügen verdammt alt aussehen.

Schönheitsmanipulation

Täuschen Sie bei einem nächsten Besuch eine schwere Magenverstimmung vor und belagern Sie sein Badezimmer. Machen Sie es sich gemütlich und stellen Sie ihm ein

Haarshampoo mit Tönung ins Bad, füllen Sie Selbstbräuner in die Gesichtscremedose, stecken Sie sein Nagelset ein, vertauschen Sie das Gesichtspeeling mit körniger Handsandseife und sorgen Sie danach mit einem Haufen Toilettenpapier für eine Kloverstopfung.

What a man he is

Ein Bekannter von Ihnen soll sich als Modelscout ausgeben und Ihren Ex auf der Straße ansprechen. Dabei sollen Lobeshymnen über seine gepflegte Haut, das geschmackvolle Outfit und die besondere Figur erklingen. Kommt die Sprache auf das Thema der Werbekampagne, für die ein neues Gesicht gesucht wird, erzählt Ihr Bekannter: „Rentenversicherung und Rheumasalbe. Beide Anzeigen sollen speziell ältere Menschen ansprechen. Zielgruppengerecht suchen wir daher Models um die 60."

Heuern Sie ein kleines Mädchen an, dass Ihren Verflossenen fragt: „Hey, Opi, kannst du mir sagen, wie spät es ist?" oder auf seinen Bauch tippt und sich neugierig erkundigt: „Meine Mami hat mir erzählt, Fett schwimmt. Stimmt das?"

Märchenstunde

Fragen Sie Ihren Ex beim nächsten Treffen, ob er zugenommen hat. Nur der bloße Verdacht, ein paar Kilos mehr auf den Hüften zu haben, wird einen Mann wie ihn in eine tiefe Krise stürzen. Selbiges gilt für Bemerkungen wie „Sag mal, sind das Falten unter deinen Augen?", „Ich glaube, du hast da einen Pickel" oder „Willst du nicht endlich etwas gegen deine grauen Haare unternehmen?".

Mief!

Alternativ oder als doppelte Racheaktion können Sie hier auch den bei Meister Proper schon erwähnten Rachetipp anwenden: Verstecken Sie einen stinkigen Käse in seinem Kleiderschrank.

Des Kaisers neuen Kleider

Möchtegern-Mister-Germanys wie er leiden in der Regel auch an einem ausgeprägten Klamottentick. Dies sollten Sie ausnutzen. Egal, ob Sie noch mit ihm zusammenwohnen oder als zuverlässige Ex-Freundin auftreten, die das Wochenende über seine Wohnung hütet:

- Lockern Sie alle Knöpfe, sowohl an seinen Hemden wie auch an den Hosen.
- Stopfen Sie seine Wäsche in die Maschine und drehen Sie den Temperaturregler voll auf. Später machen Sie ein betrübtes Gesicht und sagen einfach: „Huch, war wohl zu heiß. Dabei habe ich es doch nur gut gemeint." Als Alternative schlage ich Ihnen vor, seine weißen Hemden mit einer Ladung frisch gekaufte rote Socken zu waschen.
- Zerschneiden Sie die Gummis an all seinen Unterhosen.
- Bringen Sie sämtliche seiner Klamotten in die Reinigung und begründen Sie dies so: „Die waren total verdreckt". Hinterlegen Sie den Abholzettel – ein teurer Spaß für ihn.
- Reißen Sie Löcher in seine Socken. Selbstverständlich so, dass es nach „Hier muss einer mal wieder dringend seine Nägel schneiden" aussieht.
- Lockern Sie einen Faden an seinem Lieblingspulli und ribbeln Sie das gute Stück ein

wenig auf. Da ist er wohl irgendwo hängen geblieben …

- Lassen Sie einen Schuh von seinem Paar Lieblingstretern mitgehen oder manipulieren Sie die Schnürsenkel, so dass diese bald reißen.

Kleidungsfresser

Besorgen Sie sich in einem Zoogeschäft einige Motten, die gibt es dort als Leckerbissen zum Beispiel für Echsen. Werden in den Geschäften in Ihrer Nähe keine Motten angeboten, machen Sie sich die Mühe und lassen Sie das Fenster einige Stunden lang bei Licht geöffnet. Die kleinen Kleidungsfresser werden die Einladung annehmen und lassen sich mit einem Glas gut fangen. Die Truppe im Pappkarton verstaut, geht es dann auf große Reise. Ziel: sein Kleiderschrank – das Paradies für jede Motte.

Heimarbeit

Und noch ein paar Tipps, falls Sie mit dem „Brad Pitt für Arme" immer noch zusammenleben:

- Seifen Sie nachts seine Beine ein und rasieren Sie ihm die Haare ab.
- Blockieren Sie morgens das Badezimmer, so dass er ohne vollzogenes Schönheitsprogramm in die Arbeit gehen muss.
- Laden Sie ein männliches Model ein und sagen Sie, dass dies Ihr neuer Arbeitskollege sei. Neben dem wahren Beau wird er sich klein und hässlich fühlen. Vor allem, wenn Sie ihn später fragen: „Mensch, hast du schon einmal so einen schönen Mann gesehen?"

- Entfernen Sie jegliches Klopapier sowie alle Kosmetik- und Taschentücher aus dem Badezimmer. Dies natürlich vor seiner Abendtoilette.
- Entfernen Sie alle Spiegel aus der Wohnung – „Bekommen neue Rahmen." So werden Sie erst einmal verschont von seinem Schneewittchen-Geschwafel „Spieglein, Spieglein…"

Der Wurzelklammerer

Dieser Frau kann keine andere das Wasser reichen. Ihre Kochkünste gleichen denen eines Gourmetchefs, frisch gewaschene Wäsche verströmt bei ihr den Duft von Frühling, nach ihrem Putzen gleicht jede Fläche einem Spiegel, und zu alledem verschenkt sie immer wieder ein paar Scheinchen aus ihrer Geldbörse. Für Ihren Ex ist sie die Größte und hätte den Heiligenstatus verdient. Eigentlich wäre sie für ihn die optimale Frau. Das Problem ist nur: Die Gute ist etliche Jahre älter als er und zudem seine Mutter.

Umso mehr geht Ihr Verflossener in der Rolle „von Beruf Sohn" auf, der die Abnabelung nur physisch hinter sich gebracht hat. Psychisch hängt er weiter an der Frau und apropos: Es gibt doch diesen Film „Psycho"! Nein, denken Sie nicht weiter darüber nach. Das ist ein wenig pietätlos. Rufen Sie sich vielmehr ins Gedächtnis, wie Sie brav bei Kaffee und Kuchen die liebe Schwiegertochter mimen mussten. Wie Sie überschwänglich die geschmackvollen Stickdecken (hüstl, hüstl) loben und später zu hause die gefüllten Tupperdosen in den Kühlschrank räumen mussten. Das Leben an der Seite eines Müttersöhnchens ist – ehrlich gesagt – nicht erstrebenswert.

Gleiches gilt für den Fall, dass „Mami" noch einen Mann hat: Jedes Wochenende Zigarrenrauch ertragen, sich ständig Geschichten über abnehmende Sehfähigkeit, Blutdruckbeschwerden und Inkontinenz anhören zu müssen ist doppelt anstrengend. Um eines klarzustellen: Elternliebe in allen Ehren, aber immer in Maßen! Und zum Glück sind diese Erlebnisse für Sie nun Vergangenheit.

Tun Sie Mamis zart besaitetem Liebling nicht zu sehr weh. Ein bisschen Rache allerdings wird er vertragen ...

Zweiter Frühling

Es ist zwar nahe liegend, doch viel zu makaber: Ein Brief an Ihren Ex mit der Nachricht von Mamas Tod. Nein wirklich, das geht zu weit ... Falls die Seniorin Single ist, verkuppeln Sie sie lieber mit einem flotten Herren. Am besten noch mit einem feschen Schafzüchter aus Australien. Im zweiten Frühling irgendwo auf dem fünften Kontinent angekommen, wird sich die Mutter nicht mehr so innig um ihren Sohnemann kümmern können.

Voll im Leben

Schicken Sie seiner Mutter (und ihrem Mann) ein Vorlesungsverzeichnis „Studieren im Alter“. Soll sich die Gute ruhig weiterbilden und viele neue Kontakte knüpfen. Dann hat sie nicht mehr so viel Zeit für ihren Sprössling. Sollte keine Uni im Ort sein, funktioniert dieser Racheakt auch mit dem kirchlichen Veranstaltungsprogramm für Senioren.

Ist der Ruf erst ruiniert ...

Egal, ob Sie eingeladen sind oder nicht: Kreuzen Sie auf der nächsten größeren Familienfeier Ihres Ex auf und benehmen Sie sich total daneben. Rülpsen Sie, gackern Sie wie ein Huhn, erzählen Sie seiner Mutter etwas über sein „Pimmelmännchen“ und schwirren Sie dann doch schleunigst ab, bevor es zu brenzlig wird. Um an seinem Image zu kratzen, hat Ihr Auftritt ausgereicht.

Heimarbeit

Wie schön, wenn Sie mit dem groß gewachsenen Schürzenkind noch zusammenwohnen! Sollte seine Mutter in Urlaub fahren, suchen Sie für diesen Zeitraum ebenfalls das Weite. Im Reisegepäck sollten Sie haben: sämtliche Bedienungsanleitungen für Wasch- und Spülmaschine, Trockner, Herd, Bügeleisen und eben für alle elektronischen Geräte, die er eventuell während Ihrer Abwesenheit benutzen könnten. Da Ihr Ex in seinem behüteten Dasein wohl kaum jemals im Haushalt einen Finger krümmen musste, soll er sich bei den Nachbarn ruhig als Dummi outen.

Kurz, aber schmerzvoll

- Falls Sie in gutem Kontakt zu dem Hausarzt seiner Mutter stehen, bitten Sie diesen um Hilfe. Er soll der alten Dame mit Nachdruck erklären, dass es aus klimatechnischen Gründen für sie und ihre Gesundheit viel besser wäre, auf Mallorca zu leben.
- Basteln Sie ein Faltblatt mit Informationen über die wahrscheinlichen „Spätfolgen einer zu intensiven Mutter-Sohn-Bindung" und stecken Sie es der Frau Mama in den Briefkasten. Legen Sie einen Zettel hinzu, der erklärt, dass sozial gestörte Männer unfähig sind, zu anderen Frauen eine normale Beziehung aufzubauen. Da seine Mutter es nur gut mit ihm meint, wird sie sich bewusst von ihm distanzieren.

Der Tierhasser

Hunde sind für ihn potenzielle Kampfmaschinen, Katzen nichts weiter als Allergieüberbringer, Vögel fliegende Scheißobjekte, Nerze wenigstens wunderbare Pelzlieferanten, Kaninchen aber doch nur etwas für die Bratenröhre – Schweine, Schafe und Rinder sowieso. Um es einmal vorsichtig auszudrücken: Mit Tieren hat es Ihr Ex nicht so. Für ihn sind das alles „Viecher“, von denen jedes doch nur stinkt und Dreck macht.

Ist er so, Ihr Ex – dann gehört er zu der Gattung Mann, die beim Anblick eines Pferdes nichts weiter sagt als „Ich sehe dich auf dem Grillrost wieder“ und die Frage „Wie viele Umdrehungen in der Waschmaschine hält der Hamster aus?“ gerne per Experiment beantworten würde.

Es mag sein, dass seiner Abneigung gegen jegliches Getier ein schwer wiegendes Kindheitstrauma zugrunde liegt – permanente Pudelattacken, Gänsebisse, Pferdetritte, Katzenkrallen tief in den Oberschenkel geschlagen. Deswegen aber Mitleid mit dem Mann haben, gar Verständnis zeigen und ihm dieses und alles andere verzeihen? Nichts da! Lassen Sie den Typen bloß nicht ungeschoren davonkommen!

Jedes Tier muss auch mal müssen

- Die Light-Version: Kreuzen Sie in der Wohnung Ihres Ex mit einem Hund auf und schütten Sie heimlich gelbe Flüssigkeit auf den Teppich.
- Die Hardcore-Variante: Wollen Sie es Ihrem Ex allerdings richtig heimzahlen, dann besuchen Sie ihn mit einem ganzen Rudel Vierbeinern. Bitte achten Sie darauf,

dass einige Hündinnen läufig und ein paar Rüden verdammt geil sind. Beim Anblick der kopulierenden Hunde wird ihm alles vergehen. Müssen Sie und die Vierbeiner seine Wohnung dann verlassen, schmieren Sie Ihrem Ex als Andenken Hundekot auf die Fußmatte.

- Leihen Sie sich einen Hund und warten Sie vor der Haustür Ihres Ex, bis der nette kleine Köter genau dort sein Geschäft verrichtet hat. Wenn weder Ihre Nachbarn, Bekannten noch Jobkollegen einen Vierbeiner besitzen, besuchen Sie ein Tierheim. Dort freut man sich über jeden, der einen Hund ein bis zwei Stunden lang ausführt.

Heimarbeit

- Wohnen Sie mit dem Kerl noch zusammen, bieten Sie dem örtlichen Tierschutzverein an, die wöchentlichen Treffen in Ihrer Wohnung zu veranstalten. Es versteht sich von selbst, dass jedes Mitglied sein Tier mitbringen darf.
- Ebenfalls ein Horrortrip für Ihren Ex: Besorgen Sie sich eine CD mit Vogelgezwitscher und lassen Sie diese den Abend über laut laufen. Für die härtere Racheaktion wählen Sie eine CD wie „Tiere auf dem Bauernhof“ aus. Dann wird es wenigstens nicht langweilig.

Kurz, aber schmerzvoll

Leidet Ihr Ex zufälligerweise an irgendeiner Phobie (Spinnen, Schlangen oder Kakerlaken), besorgen Sie sich die Plastikausführung der Angstauslöser. Fündig werden Sie zum Beispiel in Scherzartikelläden (Adressen siehe Seite 226ff).

Der Tierfreund

Ist Ihr Ex das Gegenteil von dem zuvor erwähnten Viecherhasser und ganz vernarrt in tierische Lebensformen, machen Sie sich dieses zu Nutze. Bei Racheaktionen an diesem Vertreter der Gattung Mann sollte klar sein, dass es ihn trifft und nicht Pussi, Hansi, Rex oder wie auch immer seine Lieblinge heißen.

Asyl gesucht

Sollte er Ihnen in trauter Zweisamkeit einmal anvertraut haben, dass laut Mietvertrag eigentlich keine Tiere erlaubt sind, melden Sie den Verstoß der Hausverwaltung. Die soll ihm bitteschön gleich den Mietvertrag kündigen. Nicht, dass er womöglich das Tier abschiebt.

Gut erzogen

Sollte Ihr Ex vor Stolz platzen, weil sein Hund nicht am Tisch bettelt und auf den Bettvorleger kackt, sehen Sie zu, dass sich dies schleunigst ändert. Ein paar Hundekuchen und Wurstscheiben lassen den Vierbeiner manch gutes Verhalten vergessen, und Ihr Verflossener braucht Monate, um es seinem Liebling wieder abzutrainieren.

Nachwuchssorgen

Er hat ein weibliches Haustier? Dann machen Sie diesem eine besondere Freude. Bieten Sie sich Ihrem Ex als Sitter an und führen Sie seinen Liebling mit einem Vertreter des anderen Geschlechts zusammen.

Wichtig: Informieren Sie sich vorher über die Tragzeit seines Haustieres. Hamster zum Beispiel werfen bereits nach 16 Tagen. Wenn Sie das Tier also für die Zeit seines vierwöchigen Urlaubs aufnehmen, stehen Sie unter Umständen mit den Kleinen alleine da.

Kurz, aber schmerzvoll

- Leihen Sie sich seinen Golden Retriever, Königspudel oder Bobtail für einen Spaziergang aus und machen Sie dabei einen Abstecher zum Hundefriseur. Diese Racheaktion trifft doppelt ins Schwarze, wenn der stolze Besitzer Ihnen gerade vorher erzählt hat, wie schön das Fell seines Lieblings gewachsen sei.
- Die Alternative bei kurzhaarigen Hunden: Gönnen Sie dem Tier ein ausgiebiges Gesuhle in Gülle oder lassen Sie es sich in anderem Mist herumwälzen.
- Ist sein Hund bei der Stadt nicht gemeldet, schwärzen Sie ihn wegen Schwarztierhaltung an.
- Erzählen Sie seiner Neuen, dass er sein Tierchen heimlich abknutscht und Sie deswegen schon einen fiesen Herpes hatten.

Der Musiker

Früher war alles anders. Da haben wir Frauen es uns besonders gewünscht: einen Freund, der in einer Band spielt. Yeah, das war cool und der Traum aller weiblichen Teenager. Wie schön war die Vorstellung, dass die anderen Mädchen den eigenen Typen anschmachten. Und dazu das Rumlungern im Proberaum, die ersten Pettingerfahrungen auf Lautsprechern und dazwischen bewundernd, zärtlich sein liebstes Stück streicheln – die Gitarre, versteht sich.

Aber haben wir nicht damals schon spöttisch auf die Rock-Opis geblickt? Wie sie einen auf ewig jung machten und ihre müden Knochen in eng anliegende Lederhosen quetschten. Peinlich! Wir haben sie bemitleidet. Genauso nervig der eigene alte Herr, der meinte, mit seiner Plattensammlung protzen zu können, und jeden vermeintlichen Hit mit „Ach, als ich noch jung war …“ kommentierte. Dabei war es viel spaßiger, selbst in den Musikscheiben zu wühlen und die Dinger aufzulegen. Aber das haben die Graugesteine nie begriffen.

Jedoch viel erschreckender: dieser Typ von Ex auch nicht. Als verkappter Möchtegern-Popstar hofft er noch immer auf seine Entdeckung. Bis dahin hortet er CDs und Platten, versucht sich als Heim-DJ, entlockt seinem Instrument mehr oder weniger gute Melodien und schaut sich – „back to the roots“ – nach weiblichen Groupies um. Mistkerl!

Was Sie zu tun haben, ist hoffentlich klar. Stecken Sie das in guten Tagen für Sie komponierte Liedchen ein und machen Sie ihm die Hölle heiß!

Wenn ich nicht hier bin, bin ich auf dem Sonnendeck

Gönnen Sie seiner Plattensammlung ein wenig Sonne, auf dem Balkon zum Beispiel oder dem Fensterbrett. Natürlich ganz aus Versehen, wie sollen Sie auch wissen, dass sich die Vinylteile bei Hitze verbiegen.

Den gleichen Effekt erzielen Sie, wenn Sie sich einige seiner besten Platten leihen und diese im Hochsommer hinter der Windschutzscheibe Ihres Autos liegen lassen.

The day the music died

Super, wenn Mister Musicman ein Kassettensammler ist: Schneiden Sie von seinem Lieblingstape ein Stück Band heraus und kleben Sie es an dieser Stelle wieder mit Tesafilm zusammen. Dann merkt er erst einmal nichts.

Natürlich können Sie sich ihm auch simpel als Putzfrau anbieten, die die Tonträger gut gemeint einem Abwasch unterzieht.

Holen Sie sich auf dem Flohmarkt einige CDs der Kategorie Ladenhüter und tauschen diese gegen seine Lieblingsplatten ein. Solch ein Irrtum kann leicht vorkommen, wenn er die Scheiben öfter verleiht …

Für Verstimmung sorgen

Ihr Ex ist Klavierspieler? Dann ein Tipp aus der Sparte Holzhammermethode: Träufeln Sie Kleister zwischen die einzelnen Tasten. Falls Ihnen diese Aktion so zu plump ist, geben Sie vor, seine Wohnung tapeziertechnisch auf Vordermann bringen zu wollen. Dabei kann solch ein Missgeschick schnell passieren. Oder machen Sie sich, mit dem Schraubenzieher bewaffnet, an das Verstimmen seines Klaviers.

Nie gehört

Ist Ihr Ex einer dieser erwähnten Altrocker, die auf Schützenfesten und Seniorenfeiern für Tanzmucke sorgen, verstecken Sie vor seinem Auftritt zum Beispiel sein Effektgerät oder sogar sein Musikinstrument. Sie können es auch durch einen anderen Gegenstand ersetzen, dabei sollten Sie jedoch auf das Gewicht achten.

Backstage

Fälschen Sie eine „Meet-and-Greet"-Karte für seine absolute Lieblingsband. Logischerweise dann, wenn die Truppe tatsächlich auf Tournee ist. Wählen Sie einen Veranstaltungsort aus, der etliche Kilometer von seinem Wohnort entfernt liegt. Auch hier funktioniert der altbewährte Trick, ihn glauben zu lassen, er habe die Karten in einem Gewinnspiel gewonnen. Ihr Ex wird vor für ihn verschlossenen Türen stehen und vergeblich um Einlass flehen.

Kurz, aber schmerzvoll

- Falls seine Platten- oder CD-Sammlung alphabetisch sortiert ist, sorgen Sie für ein bisschen Unordnung.
- Da ist dieses Konzert, auf das sich Ihr Ex bereits seit Wochen freut. Was ein Pech aber auch, dass Sie nur einen Tag vorher – 'tschuldigung – die Eintrittskarte mitwaschen, im Reißwolf vernichten oder selbst einstecken, um sie auf dem Schwarzmarkt zu verhökern.
- Schwärzen Sie Ihren Ex bei den Gesetzeshütern wegen seiner MP3-Songs an, die er sich überwiegend illegal aus dem Internet gezogen hat.

- Zerkratzen Sie seine Platten oder CDs. Dafür können Sie sich die Tonträger auch mal ganz lieb ausleihen und beim Zurückbringen einfach sagen, Sie seien direkt beim Stacheldrahtzaun gestolpert.
- Steht ein Gig Ihres Ex bevor, dann überkleben Sie die Plakate, die seinen Auftritt ankündigen. Sie können sich zum Beispiel bei seiner härtesten Konkurrenz als freundliche Helferin anbieten und die Plakate dieser Band oder des Musikers für Ihre Racheaktion verwenden.

Der Aktiv- und der Passivsportler

In der zehnten Klasse, fünfte Stunde – Bockspringen: Die anderen glotzen, besonders die Jungs, warten, und vorne das hohe Ding. Träume vom Pausengong oder einem einigermaßen glaubhaften Schwächeanfall, der in der Wirklichkeit ausbleibt. Also rennen, abspringen und, wenn es gut läuft, auf der Matte landen. Falls es aber wie in zahlreichen Hollywood-Teenagerkomödien endet, werden pubertäre Albträume wahr, und der eigene Po landet ziemlich unsanft mitten auf dem Bock. Das alles – auch wie im Film – natürlich genau vor den Augen des angehimmelten Klassen-Supersportlers. Dieser Charmingboy konkurrierte zu Backfischzeiten schwer mit dem Musikerfreund. So war es unter Mädchen mega-angesagt, zum Beispiel mit dem Torschützenkönig der örtlichen Fußballmannschaft zu gehen.

Im Gegensatz zum alternden Gitarrenzupfer ist der Sportler auch später noch ein begehrtes männliches Objekt: Ein durchtrainierter Waschbrettbauch, ein paar Muskeln an der richtigen Stelle – der Mann tut was für sich. Leider vergisst er dabei, dass es noch etwas anderes als Sport gibt und das Wochenende mehr zu bieten hat als die Bundesliga-Übertragung im Fernsehen. Schlimmer wird es noch, wenn er Unsportlichkeit abscheulich findet und nur ein bis zwei Kilos zu viel als Übergewicht und Hang zum Fettsein ansieht.

Klingelt es? War Ihr Ex so? Hat er womöglich sogar über Ihre Figur gemeckert, Sie über das Laufband gescheucht und zu leidigen Diäten gezwungen? Dann seien Sie glücklich, dass Sie das Spatzenhirn an eine andere abgetreten haben. Die kalte Dusche danach sollten Sie ihm aber nicht ersparen!

Rachetipps für den Aktivsportler

- Ein Tief dank der Technik: Wenn Sie technisch begabt sind, manipulieren Sie das Pulsmessgerät Ihres Ex, so dass er sich als Schlappschwanz fühlt und aus lauter Frust das Joggen oder Fahrradfahren sogar ganz sein lässt.
- Der Sprint seines Lebens: Kennen Sie jemanden mit einem abgerichteten Hund? Einen der Sorte imposanter Vierbeiner, der auf einen Pfiff reagiert? Dann schicken Sie das Tier mitsamt Herrchen auf die Joggingstrecke Ihres Ex und jagen ihm einen gehörigen Schrecken ein. Zerrissene Hosen als kleines Andenken sollten das Mindeste sein.
- Märchenstunde: Rufen Sie im Fitnesscenter des Sportfanatikers an und erzählen Sie der zuständigen Person, dass Ihr Ex einen höchst ansteckenden Fußpilz habe. Allerdings sei er so fitnesssüchtig, dass er trotzdem weitertrainiere, ohne Rücksicht auf die Hygienevorschriften und die anderen Mitglieder zu nehmen.
- Fragen Sie einen seiner Sportskollegen, ob das Sammelsurium an Pillen und Tabletten im Badezimmerschrank Ihres Ex unter Sportlern die Normalität sei. Dass es sich dabei überwiegend um Kopfschmerzmittelchen und Vitaminpräparate handelt, erwähnen Sie nicht, sondern spielen Sie die Ahnungslose. Lassen Sie den Sportskameraden vielmehr im Glauben, Ihr Ex würde sich dopen.
- Betreibt Ihr Verflossener eine Mannschaftssportart wie Volley-, Basket- oder Fußball, erzählen Sie seinen Mitspielern, dass er sich schon immer besonders aufs „Duschen danach" gefreut habe.
- Trophäenjagd: Bestechen Sie die Putzfrau Ihres Ex: Sie soll beim nächsten Wohnungsputz das Regal von seinen Pokalen entlasten – schließlich sind die Dinger doch nichts als Staubfänger. Allerdings sollten Sie für die Hausperle einen

neuen Arbeitgeber parat haben. Denn sind die Pokale auf Nimmerwiedersehen verschwunden, bedeutet das für die Reinigungskraft, dass auch ihr Job verloren ist.

- Mister-Fitness-Wahl: Fingieren Sie eine Vorentscheidung für eine Mister-Fitness-Wahl und laden Sie Ihren Ex dazu ein. Diese Show sollte Ihnen etwas Geld wert sein: Mieten Sie einen kleinen Raum und laden Sie nette Freundinnen ein, die er nicht kennt und die als Jury fungieren. Soll sich Ihr Ex doch mal im knappen Stringtanga zum Affen machen. Falls er Verdacht schöpft und nach weiteren Mitstreitern fragt, erklärt eines der Jurymitglieder, dass die Kandidaten in größeren Zeitabständen auftreten – der Konkurrenzdruck würde so reduziert. Wollen Sie die Wahl ganz professionell aussehen lassen, engagieren Sie professionelle Bodybuilder für die Show. Ihrem Ex wird der blanke Angstschweiß auf der Stirn stehen, wenn er die Muskelmänner sieht.
- Wenn Sie mit Ihrem Ex noch zusammenwohnen, gibt es für Sie einen weiteren Rachetipp: Mischen Sie dem Supersportler vor dem Joggen oder vor einem wichtigen Wettkampf eine gehörige Portion Abführmittel oder Beruhigungspillen in sein Essen.

Racheakte

- für den Schwimmer: Zerschneiden Sie das Gummi an seiner Badehose oder ziehen Sie das Schnürband heraus. Manipulieren Sie das Glas an seiner Schwimmbrille, so dass beim nächsten Tauchgang Wasser reinläuft. Verdammt ärgerlich, besonders mitten im Wettkampf.

- für den Brettsportler: Versucht sich Ihr Ex als Brettsportler – nein, nicht Schach! – und saust mit seinem Snowboard die Pisten herunter oder erobert als Surfer die Wellen, stöbern Sie nach ein paar Rachetipps im Kapitel über den Autofreak (siehe Seite 60ff). Denn sicherlich hat Ihr Sportler auch einen abgöttisch geliebten Bulli, in dem er und seine Kollegen sogar manchmal übernachten. Eine Marmeladenspur vom Eingang des Busses bis zu den Schlafplätzen ist als Racheakt durchaus geeignet: Sie lockt Ameisen an. Falls Sie Zugriff auf seine Boards haben, schicken Sie Ihre Nachbarskinder damit auf den Spielplatz. Sand macht die Bretter stumpf.
- für den Golfer: Für diese Sorte von Ex eignen sich die etwas anderen Golfbälle, zum Beispiel der „Exploder", der nomen est omen beim Abschlag explodiert. Auch gut ist der „Unputtaball", der überall hinspringt, nur nicht ins Loch. Der „Jetstreamer" zieht beim Abschlag ein buntes Band hinter sich. Alle drei sorgen bei seinen Golfkollegen für nicht geringe Belustigung (Angebot gesehen unter www.golfas.de).
- für den Mannschaftssportler: Malen Sie mit einem wasserfesten Stift einen unübersehbaren, großen braunen Fleck auf das Hinterteil seiner weißen Sporthose. Seine Teamkameraden werden für die gewünschten Hänseleien und Sticheleien sorgen.
- für den Läufer: Lockern Sie die Spikes an den Sprintlaufschuhen Ihres Ex. Diese Aktion ist besonders erfolgreich, wenn Sie seine Treter vor einem Wettkampf manipulieren.

Rachetipps für den Passivsportler

- Ihr Ex ist sehr sportlich – allerdings nur vor dem Fernseher? Da der Passivsportler von Natur aus ein Faultier ist, bedarf es keiner größeren Aufwendung Ihrerseits, um ihn hochzuschrecken:
- Kündigen Sie sein Premiere-Abo.
- Wenn Sie noch Zugriff auf seine geliebten Schätze haben, dann verleihen Sie die Box an gute Freunde.
- Der folgende Racheakt ist wunderbar für wichtige Sportübertragen unter der Woche und zur Mittagszeit geeignet – wie während der vergangenen Fußballweltmeisterschaft in Japan: Macht Ihr Ex einfach blau und denkt, es würde schon keiner merken, rufen Sie bei seinem Boss an und loben den Mann für sein Verständnis. Dass er ihm freundlicherweise freigibt, ist so toll …
- Sabotieren Sie kurz vor Anpfiff und Übertragung einer wichtigen Fußballpartie das Antennenkabel.
- Schütten Sie beim nächsten Besuch Kaffee über seine geheiligten Alben mit Panini-Fußballbildern und entschuldigen Sie sich wortreich.
- Verstecken oder verleihen Sie die Dauerkarte für das Stadion seines Lieblingsfußballvereins.
- Waschen Sie das T-Shirt mit den mühsam gesammelten Autogrammen seiner Lieblingsmannschaft.
- Lassen Sie während „ran“, der „Sportschau“ und den anderen Pflichtsendungen für wahre Fans die Sicherung rausspringen.

Der Ökotyp

Es muss das fruchtbare Zusammentreffen eines 68er-Vertreters und einer Woodstock-Braut mit Faible für Blattsalate und lila Tüchern gewesen sein – heftig und leidenschaftlich –, etwa neun Monate später wurde er geboren. In die Jahre gekommen, ein Mann mit Memmenfaktor, der sich ganz dem Robin-Wood-Dasein verschrieben hat. Als Öki in seiner Umgebung bekannt, sieht er sich am liebsten als Retter des blauen Planeten.

Der Großteil dieser Männergattung ist Vegetarier, fährt viel Fahrrad und trifft sich – statt in netten Kneipen – bei Kerzenschein im Sozialzentrum der Umweltfreunde.

Mal ehrlich: Wollen wir Frauen einen solchen Mann? Sicher, Müsli stärkt auch die Muskeln, doch aus diesem Grund isst er die Flockenkörnermischung nicht. Dieser Mann will nur bio und das am liebsten aus seinem eigenen Garten. Sicher sind nicht alle Öko-Männer so. Doch selbst wenn Ihr Ex bisher zu der harmlosen Sorte gehörte – wer weiß, was aus ihm wird? Ein grauer Panter ganz bestimmt, der seinen Enkeln lieber getrocknete Pflaumen andreht als einen Dauerlutscher, gestrickte Socken verschenkt und nach dem kleinen Geschäft auf der Toilette nicht spült, das wäre schließlich Wasserverschwendung ... Was für ein Glück, dass Sie all das nun nicht mehr miterleben müssen. Doch auch aus Mitleid sollten Sie diesen Typen nicht so einfach ziehen lassen!

Alles ganz natürlich

Besorgen Sie sich eine Ladung Blattläuse und Schnecken – die gibt es als Reptilienfutter in Zoofachgeschäften – und setzen Sie die hungrigen Viecher in seinem Blumenbeet oder dem geliebten Kräutergarten aus.

Besorgen Sie sich ein paar Lebensmittelmotten und stecken Sie diese in seinen Müslivorrat. Vielleicht merkt Ihr Ex es nicht – die Tierchen sehen ja ein wenig aus wie Rosinen – und freut sich beim Kauen über den Knuspereffekt.

Märchenstunde

- Erzählen Sie seinen Vegetarier-Freunden, dass Ihr Ex sich insgeheim des Öfteren ein Kotelett gönnt.
- Erzählen Sie seiner Neuen, dass er sich nur einmal pro Woche duscht – denn alles andere wäre Wasserverschwendung.
- Außerdem können Sie gegenüber der Guten behaupten, dass er Sie nie zum Essen eingeladen hat, weil sein ganzes Geld an Greenpeace ging, und er für den Urlaub stets irgendwelche Gruppenunterkünfte, bevorzugt kommunenähnliche, ausgewählt hat.

Falls Ihr Ex die Dame nicht auf einer Versammlung von Umweltaktivisten oder Biobauern und natürlich -bäuerinnen kennen gelernt hat, lässt sie sich ihre Zukunftsaussichten daraufhin sicher durch den Kopf gehen.

Eine Seefahrt, die ist lustig ...

Schenken Sie Ihrem Ex einen Gutschein für eine einwöchige Bootstour und begeistern Sie ihn, indem Sie von dem dort gebotenen Walewatching und der leckeren Biokost erzählen. Tatsächlich aber bekommt er jeden Abend fettiges Kombüsenessen und von Walen ist auch nichts zu sehen.

Kein Strom aus der Dose

Der folgende Racheakt ist zwar etwas aufwändiger, wird Sie aber trotzdem voll auf Ihre Kosten kommen lassen: Überkleben Sie die Solarenergieanlage des Ökis mit dunkler Folie. Falls Ihr Ex Ihnen auf die Schliche kommt, schieben Sie die Aktion auf die Nachbarskinder und behaupten, die Jungs hätten nichts als böse Streiche im Kopf.

Angriff der Beuteltiere

Locken Sie Ihren Ex zu einem Tofu-Abschiedsabendessen zu sich nach Hause. Wenn er brav alles aufgegessen hat, zeigen Sie ihm eine leere Kängurufleischpackung. Selbstverständlich müssen Sie das Fleisch der bezaubernden australischen Beuteltiere nicht zubereiten. Ihr Ex aber wird schon beim Gedanken daran, eines der Tierchen gegessen zu haben, seinen Kopf in die Kloschüssel stecken.

Mahnmal

Wie wäre es, wenn Sie zum Abschied seiner Lieblingspflanze einen Strick um die Wurzel binden? Dann lassen Sie das Grünzeug vom Kronleuchter baumeln und hinterlassen einen Zettel mit der Aufschrift: „Du liebst den Kräutergarten mehr als mich."

Kurz, aber schmerzvoll

- Lassen Sie bei Gelegenheit ein Exemplar seiner Birkenstock-Latschen mitgehen.
- Kündigen Sie das Abo seiner Lieblingslektüre Ökotest.

- Reißen Sie seinem Lieblingskaktus alle Stacheln aus.
- Bohren Sie ein paar große Löcher in seine Regenauffangtonne.
- Bringen Sie bei Ihrem nächsten Besuch eine Ladung Fast Food mit. Der Geruch – für Ihren Ex Gestank – von Pommes und Burger verpestet in null Komma nichts seine Wohnung.
- Die beste Jahreszeit für diese Racheaktion ist der Winter: Stecken Sie seine Strickpullis in die Waschmaschine und stellen Sie diese auf 90 Grad Celsius ein. Seine Klamotten kann er dann mit aller Wahrscheinlichkeit auf einem Kinderflohmarkt verkaufen.

Der Kunstliebhaber

Zugegeben, einer von dieser Sorte Ex ist keine üble Partie. Denn die Sammlung an antiken Möbeln, die Meisterwerke bekannter Maler, die edlen Porzellanschalen und Mini-Mamorstatuen in seiner Wohnung lassen auf mehr als das nötige Kleingeld schließen. Aber was hat uns schon Mutter mit auf den Weg gegeben? Geld ist nicht alles!

Daran sollten Sie sich erinnern, bevor Sie Ihrem Ex und seinem Bankkonto hinterhertrauern. Zumal Sie doch nicht im Ernst geglaubt haben, dass Sie von der Knete mal etwas zu sehen bekommen? Bei ihm nur in Form von weiteren Kunstschätzen. Denken Sie auch an die zahlreichen langweiligen Auktionen, bei denen Sie für ihn im Katalog blättern mussten, damit er zum Bieten die Hände frei hatte. Daran, wie Sie nach der Veranstaltung die schweren Edelteppiche und ägyptischen Pharaonenköpfe in sein Auto hievten und sich dabei die Schulter ausrenkten. Ganz zu schweigen von den Staubputzaktionen am Wochenende. Diese Macken und die Geschichte mit der anderen – wahrscheinlich eine Antiquitäten-Tussi, selbst ganz verstaubt – sollten Sie innerlich zum Kochen bringen. Auf geht's!

Bildersturm

Besuchen Sie Ihren Ex mit einer Truppe von Mädchen und Jungen. Die Kids sollen mir nichts, dir nichts seine Ölschinken mit abwaschbarer Wasserfarbe verschönern. Alles geht so schnell – Kinder, Kinder!

Original und Fälschung

Spüren Sie einen Gemäldefälscher auf und lassen Sie diesen eines der wertvollen Bilder Ihres Ex nachmalen. Wenn er dann auf Reisen ist, bieten Sie sich als Wohnungssitterin an und tauschen kurzerhand die Kopie gegen das Original. Danach verhökern Sie das Original auf dem Schwarzmarkt und gönnen sich von dem Geld einen schönen Urlaub.

Ausflug aufs Land

Oder wie wäre es damit? Gestalten Sie eine hübsche Einladung zu einer exklusiven Kunstversteigerung, die leider auf dem Land stattfindet. Dafür aber gibt es Antiquitäten, Gemälde und alles, was des Kunstliebhabers Herz erfreut, zu Spottpreisen. Planen Sie die fiktive Veranstaltung für einen Tag, an dem er zu einer wichtigen Familienveranstaltung eingeladen ist. Wenn Ihr Ex wirklich ein echter Sammler ist, wird er den Weg trotzdem auf sich nehmen und – was für eine Überraschung – vor verschlossenen Türen stehen und das in Zukunft auch bei seinen Verwandten.

Heimzoo

Besorgen Sie sich in einem Zoofachgeschäft einige Holzwürmer und schenken Sie diesen während eines Besuchs bei Ihrem Ex die Freiheit. Damit die kleinen Freunde nicht so weit kriechen müssen, entleeren Sie die Schachtel am besten in der Nähe seines antiken Bauernschranks.

Heimarbeit

- Wenn Sie mit Ihrem Ex noch zusammenleben und dem Kerl nur einen gehörigen Schrecken einjagen wollen, geben Sie eines seiner wertvollsten Stücke ins Pfandhaus. Wenn Ihr Verflossener Fragen stellt, behaupten Sie, dass der Schornsteinfeger bezahlt werden musste.
- Ist Ihr Ex über das Wochenende verreist, ist das die beste Gelegenheit, um in der gemeinsamen Wohnung eine Party zu veranstalten. Fordern Sie Ihre Gäste dazu auf, seine kostbaren venezianischen Glasschüsseln als Aschenbecher zu verwenden. Beim späteren spärlichen Wohnungsputz können Sie dann seine größeren und ebenso wertvollen Gefäße als Putzeimer zweckentfremden.

Kurz, aber schmerzvoll

- Werfen Sie die „zerfledderten Bücher mit der komischen, alten Schrift" zum Altpapier – die Werke nehmen doch nur Platz weg.
- Lassen Sie einen seiner geheiligten Kunstbände oder Ausstellungsführer mitgehen und missbrauchen Sie ein paar Blätter als Geschenkpapier – natürlich, um eine Überraschung für Ihren Ex einzupacken.
- Organisieren Sie sich einen noch nicht stubenreinen Hund, der auf seinen edlen Perserteppich pinkelt. Nette Flecken hinterlassen übrigens auch Rotwein, Schokolade und Kugelschreiber – auf jeglichen Stoffen, also auch auf Sesseln, Sofas und Vorhängen. Wenn es sich körperlich einrichten lässt, macht sich zudem das Ergebnis eines plötzlichen Übergebens Ihrerseits gut. Wahrscheinlich reicht dazu einfach der Anblick des Ex.

- Täuschen Sie bei einem nächsten Treffen in seiner Museumshöhle einen Ohnmachtsanfall vor und fallen Sie dabei gegen die aus Asien stammende handbemalte Blumenvase. Stürzen Sie gekonnt, können Sie gleich noch mit Ihren Armen die Hündchenfamilie aus Meißner Porzellan umwerfen.
- Beizen Sie bei nächster Gelegenheit seine edlen Holzmöbel ab oder überstreichen Sie die guten Stücke mit Lackfarbe. Sieht doch gleich viel moderner aus …

Der Gourmet

Vergessen Sie einmal kurz die Meinung Ihrer Mutter. Für sie ist einer wie er nämlich der Traumschwiegersohn. Und das hauptsächlich, weil sie mit ihm Rezepte austauschen und sich über Klümpchenvermeidung bei Soßen, Sauerbratenzubereitung und die Vorteile eines Gasherds unterhalten kann.

Na und? Was nutzt ein Mann, der nicht nur gerne in die Töpfe guckt, sondern ebenso gerne einen Blick in die Augen und Ausschnitte anderer Damen wirft? Nur weil er den Kochlöffel schwingen kann und ein paar Haushaltsarbeiten übernimmt, sollten Sie Ihrer Mutter nicht den Gefallen tun und den Mistkerl ohne Abreibung ziehen lassen. Zeigen Sie Ihrer Mutter einmal die Gelben Seiten. Dort findet sie allerhand Gourmetrestaurants, in denen Sie und die Frau Mama edel essen gehen können – auch wenn es Hausmannskost sein soll. Ist das so außergewöhnliche Können Ihres Ex also bei der Seniorenschaft wieder relativiert, können Sie sich ganz auf Ihre Vergeltung konzentrieren.

Für ihn nur das Beste

Schicken Sie Ihrem Ex – vielleicht auch zur Wiedergutmachung der vorangegangenen Tat – eine Packung feinster Schokolade. Was er erst erfährt, nachdem er die neuen Pralinen genossen hat: Es handelt sich um Hundeschokis.

Erlesene Kochkünste

Lassen Sie Milch in seinem Lieblingstopf anbrennen. Oder Sie stellen den Herd auf Sparflamme und lassen dann ein wenig Bratensaft anbacken. Die Pfanne kann er in den Müll schmeißen. Wenn er Sie zur Rede stellt, sagen Sie ihm einfach, er war schon immer der bessere Koch.

Heimzoo

Die beliebten Lebensmittelmotten sind auch bei einer Racheaktion für den Gourmet nicht wegzudenken. In diesem Fall setzen sie die Tierchen natürlich in seiner Küche aus. Oder Sie besorgen sich ein paar Kakerlaken – die gibt es aus Plastik auch im Scherzartikelladen – und verteilen diese in seinem Reich. Dieser Racheakt hat einen besonderen Effekt, wenn er Gäste zum Essen erwartet.

Zur Nachahmung geeignet?

Ziemlich gemein ist die Geschichte, in der Frauen ihrem Ex eine besondere Kräutermischung zukommen lassen, zum Beispiel als Urlaubsmitbringsel aus der Provence oder als seltenes Sonderangebot von der Kräuterdame auf dem Wochenmarkt. Nachdem der Ex damit ein paar Mahlzeiten zubereitet hat, bekommt er einige Wochen später die Auflösung: „Sag mal, hab ich dir dieses kleine Plastiktütchen gegeben? Mir liegt nämlich der Nachbarsjunge in den Ohren. Ich hatte seinen toten Hamster ins Krematorium gebracht und ihm danach die Asche gegeben. Jetzt fragt mich das Kerlchen Löcher in den Bauch, warum sein Tierchen plötzlich so pikant riecht …“

Heimarbeit

- Falls Sie noch mit ihm zusammenleben, laden Sie Ihre trinkfreudigste und -feste Freundin ein und leeren mit ihr einige Pullen seiner Edeltropfen.
- So einer wie Ihr Ex hat doch bestimmt eine gute Hausbar mit allerhand Whiskey, Sherry, Weinbrand, Likören und anderen Rachenputzern! Ist er das nächste Mal auf Dienstreise, bieten Sie sich als Homesitterin an. Damit der Aufenthalt in seiner Wohnung nicht langweilig wird, schütten Sie die Flüssigkeiten aus den Flaschen in den Abfluss und füllen sie diese wieder mit Apfelsaft, schwarzem Tee oder, falls vorher Gin oder Wodka darin war, mit Wasser auf.
- Wenn Sie über schauspielerisches Talent verfügen, können Sie die Aktion „Flasche leer" auch vor seinen Augen realisieren. Mimen Sie die Betrunkene und kippen Sie die Alkoholika auf seinen Teppich. Nuscheln Sie dabei von „Teufelszeug" und „dringend die anonymen Alkoholiker kontaktieren".

Kurz, aber schmerzvoll

- Lassen Sie das letzte Treffen bei Ihrem Ex eskalieren. Schreien Sie ruhig ein wenig herum und greifen Sie dann in Rage zu seinen teuersten Weinflaschen. Werfen Sie diese in Ihrer (gespielten) Wut zu Boden.
- Lassen Sie bei einem Ihrer folgenden Besuche einen seiner Lieblingsteller fallen oder fegen Sie beim Essen eines der teuren Kristallweingläser vom Tisch.
- Vertauschen Sie die Inhalte von seinen Salz- und Zuckerstreuern.
- Laden Sie ihn zu sich nach Hause ein und servieren Sie ihm ein Fünf-Gänge-Menü. Erst nachher fragen Sie ihn beiläufig: „Nicht schlecht, meine Mikrowelle,

gelle?" Jedem Gourmet wird sich der Magen umdrehen, wenn er an diese Schnellkochvariante denkt.

- Verschenken Sie seine edlen Trüffelpralinen an die freundlichen Kinder aus dem Haus.

Der Macho

Liebe Damen, Finger weg von notorischen Fremdgängern! Solchen, die sich in Schale werfen, mit Geldscheinen wedeln und nicht selten Gel in den Haaren haben. Meist geben Sie sich als Gentlemen mit Anzug und Krawatte, oftmals aber auch – da dies ihre Chancen bei jungen Mädchen steigert – probieren sie es mit der Latin-Lover-Masche: Cool und lässig gehen sie durch den Raum, schnurren Komplimente in Richtung Frauen, unterlegen ihre Stimme mit einem leichten ausländischen Akzent – „Bella, bella, du die Schönste von allen. Noch nie gesehen so eine wie du!“ – und geben sich als potenter südländischer Schöngeist aus. Schwer davon überzeugt, ein Abo auf weibliche Geilheit gebucht zu haben, kommen die Casanovas schnell zur Sache – „Sex“ – und reden um dieses Thema auch gar nicht lange herum. Schließlich haben sie eine Ehre zu verteidigen. Die der Schwerenöter, Machos und Don Juans.

Falls Sie Ihren Ex wieder erkannt haben, ist es zu spät, um sich über die eigene Blödheit zu ärgern. Sie sind ihm eben auf den Leim gegangen und mussten merken, dass Sie nicht die Einzige sind, der er „Amore, Amore“ ins Ohr flüstert. Sehen Sie es so: Erfahrung macht klug, und schließlich gibt es auch noch die Rache.

Ohne Moos nix los

Egal ob schmieriger Gentleman oder Latin Lover: Ein Typ wie er lädt gerne Frauen ein. Das allerdings wird zu einem Problem, wenn plötzlich kein Geld mehr vorhanden ist. Dafür sollten Sie sorgen. Lassen Sie einen männlichen Bekannten bei dem Geldinstitut Ihres Ex anrufen. Der soll sich als Ihr Verflossener ausgeben und dem

Bankangestellten verzweifelt erzählen, dass seine Karte gestohlen worden sei, und darum bitten, dass diese sofort gesperrt wird.

Treffer? Fehlanzeige

Sicher wissen Sie, in welchen Kneipen Ihr Ex sich wann und wie gerne herumtreibt? Schicken Sie eine Gruppe von Freundinnen, die er nicht kennt, in dieses Lokal. Die Mission: Sie sollen ihn antörnen und eiskalt abblitzen lassen. Dabei versteht es sich von selbst, dass er für das Vergnügen einige Drinks spendieren muss. Bei einer anschließenden „Party danach" lassen Sie sich von den Damen haarklein erzählen, wie er vergeblich rumbaggerte und sich dabei lächerlich machte.

Falls Sie nicht so viele Freundinnen in die Sache hineinziehen möchten oder diese verhindert sind, fragen Sie nur eine. Sie soll sich ordentlich zurechtmachen und zu später Stunde in seinem abendlichen Jagdrevier aufkreuzen. Wenn Ihr Ex an der Theke seine Masche – „Ich verstehe dich. Bei mir bist du aufgehoben" – bei einer anderen Frau durchzieht, drängt sich Ihre Freundin dazwischen und sagt für jedermann hörbar: „Du, die Schlappnummer von neulich, ist doch nicht schlimm. Haste wohl dein Viagra vergessen. Kann mal passieren." Und kurz vor dem Gehen sagt sie dann noch in Richtung Frauen: „Schlechte Ware. Die absolute Niete. Nicht zu empfehlen."

Im Kampf für das starke Geschlecht?

Frauen, die zu viel denken und auch noch etwas wissen, sind dem Macho ein Dorn im Auge. Diese Vertreterinnen des weiblichen Geschlechts sind ihm schlicht zu kompliziert. Vor allem Emanzen wecken bei ihm starkes Unbehagen. Bestellen Sie ihm ein Probe-Abo der Zeitschrift EMMA. Wenn im Haus Ihres Ex noch andere Machos wohnen, sagen Sie beim Aufgeben des Abos dazu, man möge die Lektüre nicht knicken, sondern bitte auf den Briefkasten stellen. Dann haben die Nachbarn etwas zum Feixen.

Märchenstunde

Erzählen Sie seinen Freunden, dass er sich zu Hause ständig Sissi-Filme und Lassie-Folgen anschauen würde und dabei wie ein Weichei rumheule.

Kurz, aber schmerzvoll

- Tauschen Sie bei nächster Gelegenheit seine Goldkettchen und Rasselarmbänder gegen billigen Modeschmuck oder lassen Sie die fiesen Klunker ganz verschwinden.
- Heuern Sie eine Transsexuelle an und bezahlen Sie die Gute beziehungsweise den Guten dafür, Ihren Ex richtig scharf zu machen. Den scheinbar sicheren Stich wird er sich nicht entgehen lassen und daher später einen mittelschweren Schock erleben.

Meist ist der Macho seelenverwandt mit dem Potenzprotzer und dem Möchtegern-Mister-Germany. Schauen Sie daher zur Inspiration auch bei den Racheakten zu diesen Männertypen nach.

Der Morgenmuffel

Kennen Sie die Geschichte von Dr. Jekyll und Mr. Hyde? Es geht dabei um einen sehr schlauen Doktor, der sich in den Abendstunden in sein Zimmer schleicht, schlimme Mittelchen schluckt und dann zu einem Psychopathen mutiert. Fallen Ihnen da nicht Ähnlichkeiten mit Ihrem Ex auf? Gut, wäre es eine Geschichte über ihn, hieße diese wohl eher Mr. Hyde und Dr. Jekyll. Denn er ist morgens das Monster – und eine weitere Abweichung vom Original –, ohne irgendwelche Pillen geschluckt zu haben. Sein Gesicht ist zerknittert, statt klar definierbarer Worte sind nur Laute zu hören und statt zu gehen, schlurft er dahin. Grusel, grusel! Wenn das die Nachbarn sehen würden. Bei solch einem Mann ist es fast ein Glück, dass er zu dieser Tageszeit jeglichen Menschenkontakt meidet. Leider geht er aber auch den Menschen aus dem Weg, die ihm lieb und teuer sein sollten. Doch der Morgenmuffel macht keine Unterschiede. Er knurrt auch sie an, versteckt sich hinter der Zeitung, meckert über die steinharte Butter und den lauwarmen Kaffee, kratzt sich andauernd und kommt zu dem Entschluss: Ein Scheißtag ist das! Schon jetzt, obwohl er gerade erst angefangen hat.

Aufwachen! Ihr Verflossener war auch so einer. Selbst wenn Sie sich sicher sein können, dass ihn die andere bei diesem Verhalten gleich morgens vor die Tür gesetzt hat – drücken Sie jetzt bloß nicht (wieder) beide Augen zu. Bereiten Sie Ihrem Ex lieber ein böses Erwachen.

Fortsetzung folgt …

Rufen Sie einen Radiomoderator des Typs „Ich bin so gut drauf, frisch, witzig, motiviert und lache immer" an. Natürlich einen, der schon ab fünf oder sechs Uhr morgens auf Sendung ist. Ihm erzählen Sie die Geschichte, dass Ihr Ex geweckt werden müsse, aber sein Wecker derzeit kaputt sei, oder dass er Geburtstag hätte und sich riesig freuen würden, wenn er von seinem Lieblingsmoderator angerufen würde. Kurzum: Geben Sie dem Moderatoren die Telefonnummer Ihres Ex. Im Endeffekt ist es ziemlich egal, was für eine Story Sie dem schon so früh Arbeitenden auftischen, der freut sich über jede Telefonnummer bei der er penetrant durchklingeln kann.

Übrigens hat diese Rache einen Serienfaktor: Schließlich gibt es nicht nur einen Sender mit einer Morningshow …

Böses Erwachen

Verbünden Sie sich mit einer Freundin – und zwar einer, die Ihr Ex in seinen wachen Momenten ziemlich scharf fand. Sie soll sich bei ihm am Wochenende zum netten Brunch – weil er ja vorher rummuffelt – einladen. Da Ihre Freundin eine ganz Pünktliche ist, kommt sie aber etwas früher als zur vereinbarten Zeit. Genauer gesagt: Sie ist statt um zwölf schon um acht Uhr da und klingelt bei dem Typen Sturm. Wenn er dann zur Tür schlurft und öffnet, wird er sich über sein Aussehen, den fiesen Mundgeruch und die bekannte Morgenlatte ärgern.

So ein freundlicher Mensch

Der nächste Rachetipp ist zwar ein wenig teuer, lohnt sich aber: Engagieren Sie einen Fensterputzer. Dieser soll zu früher Stunde seiner Arbeit nachgehen und dies natürlich am Schlafzimmerfenster Ihres Ex. Weil der Fensterputzer ein freundlicher Mensch ist, klopft er andauernd gegen das Fenster, um ihm einen „Schönen guten Morgen" zu wünschen.

Nur keine Sorge

Rufen Sie am frühen Morgen seine Nachbarin an und geben Sie sich als gute Freundin Ihres Ex aus. Erzählen Sie der Dame, er liege mit wahnsinnig hohem Fieber im Bett und könne nicht aufstehen. Alternativ können Sie sagen, er hätte sich den Fuß verknackst und würde auf dem Teppich herumkriechen oder er sei im Bad ausgerutscht, habe eine Gehirnerschütterung und würde sich, nackt wie er ist, den Hintern abfrieren. Die Nachbarin solle unbedingt Handwerker damit beauftragen, seine Tür aufzubrechen. Sollte die Frau zögern, appellieren Sie an ihr Gewissen: „Es soll doch nicht später heißen, er ist nicht mehr, weil die Nachbarin weggehört hat …"

Kurz, aber schmerzvoll

Klar im Vorteil sind Sie, wenn Sie mit dem Typen noch zusammenwohnen:

- Ziehen Sie ihm die Bettdecke weg.
- Kitzeln Sie ihn.
- Schütten Sie kaltes Wasser über ihn.
- Drehen Sie morgens das Radio auf volle Lautstärke.

- Klappern Sie in den frühen Morgenstunden in der Küche mit Geschirr.
- Lassen Sie die Nachbarskinder in das Schlafzimmer und weisen Sie sie an, dort Fangen zu spielen.
- Laden Sie eine Freundin zum Frühstück ein und zeigen Sie ihr die „supertolle Bettwäsche, das absolute Sonderangebot“ und diskutieren Sie mit ihr – natürlich immer noch im Schlafgemach stehend – lautstark über Typen, die Pickel auf dem Rücken haben.
- Fangen Sie an, während er noch schläft, das Bett auseinander zu bauen.
- Wecken Sie Ihren Ex aus seinen süßen Träumen und kreischen Sie, dass eine dicke Kakerlake direkt über seinem Kopf sei.
- Erzählen Sie ihm von Ihrer Schreitherapie und brüllen Sie die ganze Bude zusammen.
- Legen Sie den Termin einer Wohnungsbesichtigung – schließlich wollen Sie nicht ewig mit dem Kerl zusammenleben – in die frühen Morgenstunden. Preisen Sie den rund 50 Interessenten gerade das Schlafzimmer in epischer Breite an.
- Während er duscht, drehen Sie das Wasser ab. Noch besser: Wenn er eingeseift unter der Dusche steht, das Wasser abdrehen und schleunigst verschwinden.
- Entfernen Sie jegliche notwendigen Dinge aus dem Bad: zum Beispiel Toilettenpapier, Seife, Rasierschaum, Rasierer und Zahnpasta. Wenn Sie ihn besonders ärgern wollen, stecken Sie diese Dinge nachts in ihre Tasche und verlassen Sie noch vor ihm die Wohnung.
- Lassen Sie auch Kaffeefilter, Morgenzeitung, Brot und Butter mitgehen. Wenn nicht alles an seinem Platz steht, bekommt jeder Morgenmuffel eine Krise.
- Stellen Sie alte Milch in den Kühlschrank. Fast nichts ist morgens ärgerlicher, als Klumpen im Kaffee zu haben.

Der Computerfreak

Im Zuge der Technikentwicklung und der Entdeckung des Internets hat sich während der vergangenen Jahre ein Männertyp entwickelt, der unseren Müttern erspart blieb: der Computerfreak. Diese Spezies lungert gerne in Elektrogeschäften herum und fachsimpelt mit den Verkäufern über Bits und Bytes, integrierte DVD-Laufwerke und infrarotbetriebene Mäuse. Jeder Frau, die nicht gerade Star-Softwareentwicklerin bei Microsoft ist, vergeht da die Lust auf Mann. Zumal sich so einer zu Hause am liebsten hinter der Kiste verkriecht und seinen Platz im Extremfall nur zur Verrichtung eines dringenden Bedürfnisses verlässt.

Es ist doch erstaunlich, dass solch ein Mann überhaupt Zeit für Sex hat. Aber wahrscheinlich sieht er das alles als ein Abenteuerspiel und denkt sich, seine Partnerin ist Lara Croft (Sie wissen: Das ist diese rattenscharfe vollbusige Brünette, die per Joystick-Steuerung wilde Tiger bekämpft und durch Eisschluchten turnt). Mistkerl! Eben drum – und vergessen Sie nicht seine Fehlsteuerung in Sachen Treue – wischen Sie ihm eins aus. Da er dermaßen auf seinen Computer fixiert ist, sollte es für Sie ein Kinderspiel sein, das richtige Rachemittel zu finden.

Ansteckungsgefahr

Der stärkste Feind eines jeden Mac- oder PC-Besitzers ist bekanntermaßen ein Virus. Er verwüstet die ganze Festplatte und zerstört wichtige Daten. Besorgen Sie sich aus Hackerkreisen so eine Spezies in Form einer CD-Rom und stecken Sie ihm das Teil „zum Testen“ in den Briefkasten.

Eine magnetische Begegnung

Lässt es sich organisieren, können Sie auch für eine verhängnisvolle Begegnung zwischen Powermagnet und Laptop sorgen. Ähnlich wie beim Handy löscht der Magnet alle auf der Festplatte des Computers gespeicherten Daten.

Märchenstunde

Rufen Sie bei der Polizei an und geben Sie sich dabei ahnungslos, aber beunruhigt: Erzählen Sie den Gesetzeshütern etwas von „komischen Kreuzen, verschiedenen Bildchen, platten Parolen usw.", die Sie bei Ihrem Ex auf dem Computerbildschirm gesehen haben. Daraufhin müsste – wenn die Polizisten ihren Job ernst nehmen – eine kleine Filzung seiner Festplatte anstehen.

Kryptisch

Fällt er eher in die Sparte Programmierer, locken Sie ihn unter dem Vorwand „Draußen fummelt jemand an deinem Auto herum!" aus der Wohnung. Dann löschen Sie einfach drei, vier Zeichen aus seinem Geschreibsel. Das reicht, um das ganze Programm fürs Erste lahm zu legen.

Das Experiment

Laden Sie die computerunerfahrenen Nachbarskinder ein. Sie sollen – pädagogisch äußerst wertvoll – nach Lust und Laune an seiner Kiste herumfummeln und herumexperimentieren. Allein schon die Vorstellung treibt jeden Computerfreak in den totalen Wahnsinn. Und wenn es dann noch Wirklichkeit wird …

Zugriff verweigert

Kennen Sie sich ein wenig mit Computern aus oder haben einen Computerfreak im Bekanntenkreis, ändern Sie bei nächster Gelegenheit das Passwort am Rechner. Eine schöne Wirkung erzielen Sie auch, wenn Sie das Gehäuse seines Computers aufschrauben und dort ein paar Kabel durchschneiden oder besser noch anschmoren – so sieht es nach Überhitzung aus.

Kurz, aber schmerzvoll

- Fummeln Sie am Startknopf seiner geliebten Kiste herum. Schmieren Sie Honig, kleine Kaugummikrümelchen oder andere härtere Essensreste in die Ritzen an der Tastatur und rund um den Startknopf.
- Falls etliche seiner Software-Programme billige Raubkopien sind, melden Sie dies pflichtbewusst den Gesetzeshütern oder Computerkonzernen.
- Einen Ex der Spezies Hacker können Sie bei dem Unternehmen anschwärzen, bei dem er sich – was er Ihnen gegenüber großspurig erwähnt hat – in die Datenbank eingeklinkt hat.
- Wenn Sie Zugriff auf seine Spiele-CDs haben, tauschen Sie diese gegen Klassikscheiben.
- Den Spielern unter den Computerfreaks klauen Sie einfach den Joystick oder zerlegen dieses Phallussymbol in alle Einzelteile.
- Hat er eine Tasche für sein geheiligtes Laptop, manipulieren Sie den Reißverschluss daran, so dass er sein Schätzchen ohne Schutz herumtragen muss.

Und noch viele mehr ...

Was, bislang kam es bei Ihnen zu keinem Wiedererkennungseffekt? Ihr Ex war bisher nicht dabei? Sie haben noch keine Idee, wie Sie sich an ihm gezielt rächen können? Nur nicht verzweifeln: Es gibt in der Tat noch weitere Männertypen!

Der Stubenhocker

Wissen Sie noch, diese Abende in seiner Bude? Was es nicht alles zu tun gab: Fernsehgucken, Lesen, Baden, Kreuzworträtseln, Essen, Kuscheln, Musik hören ... Alles war möglich, nur nicht die Entdeckung der großen, weiten Welt vor der Haustür. Klar kann solch ein Abend mal ganz nett sein, doch wenn jeder Abend zu einem Déjà-vu-Erlebnis wird, dann steht fest: Er ist ein Stubenhocker. Zur Erklärung seines Daseins gibt es verschiedene Möglichkeiten. Entweder ist er

a) krankhaft kontaktscheu,

b) chronisch pleite oder

c) er leidet unter einer angeborenen Antriebslosigkeit.

In allen drei Fällen sollten Sie ihm helfen und Ihre Rache als letzten sozialen Akt an ihm sehen.

Sagen Sie einigen Freunden und Bekannten Bescheid. Kreuzen Sie mit rund 20 Leuten bei Ihrem Ex auf, stürmen Sie die Bude des einsamen Wolfs und veranstalten Sie dort eine nette Party. Die Getränke sollten Sie allerdings lieber selbst mitbringen – falls in Ihrem Fall die Variante b) zutrifft.

Etwas aufwändiger ist die Aktion „Bombendrohung“. Rufen Sie zur Abendzeit bei der Polizei an und geben sich als irgendeine militante Aktivistin aus. Ziel der Übergriffe: das Haus Ihres Ex. Erzählen Sie den Gesetzeshütern, dass Sie dort bereits einen kleinen Sprengkörper versteckt hätten. Selbstverständlich wird die Polizei zunächst einmal sein Haus räumen lassen, und alle Bewohner müssen gezwungenermaßen ihre gute Stube verlassen.

Neigt Ihr Verflossener bei der Konfrontation mit anderen zu cholerischen Anfällen und kostet Sie die Sache mit der Bombe zu viel Überwindung, lassen Sie beim nächsten Mal wenigstens alle Fernbedienungen (Fernsehen, Videorekorder, Stereoanlage) mitgehen. Dann ist er zumindest gezwungen aufzustehen, um die elektrischen Freunde zu bedienen.

Der TV-Zapper

Übrigens ist das Einstecken der „Macht" auch eine gute Racheidee für den TV-Zapper. Bei ihm können Sie zudem das Antennenkabel oder die Antennenschüssel manipulieren.

Geben Sie kurzerhand den Fernseher Ihres Ex zur Reparatur oder lassen Sie eine Flasche klebrigen Ahornsirup über die Mattscheibe laufen. Wenn die Sirupschicht nach einem Versehen aussehen soll, bringen Sie zum Essen ein paar Pfannkuchen mit.

Der Serienfan

Konzentriert sich bei Ihrem Ex das Glotzen auf eine bestimmte Uhrzeit oder eine spezielle Sendung, handelt es sich zumeist um einen Serienfan. Egal ob es GZSZ, Verbotene Liebe, die Lindenstraße, Raumschiff Enterprise oder die Late-Night-Auftritte von Harald Schmidt und Stefan Raab sind – Angehörige dieser

Männerspezies nervt es, wenn sie davon abgehalten werden, ihre Lieblingssendung zu sehen.

Das lässt sich ganz sicher einrichten: Rufen Sie Ihren Ex zu seiner Prime Time an. Geht er nicht ans Telefon, alarmieren Sie seine Nachbarin und bitten sie, dass sie nur mal bei ihm anklingelt und nachschaut, ob er da ist. Oder statten Sie ihm selbst einen Besuch ab – am besten in Begleitung einer Freundin – und belagern Sie laut quatschend sein Fernsehsofa.

Schicken Sie zu seinen bevorzugten Sendezeiten die Nachbarskinder vorbei oder am besten gleich die Zeugen Jehovas.

Sollte die Seriensucht bei Ihrem Verflossenen schon das fortgeschrittene Stadium erreicht haben – das heißt, entweder wird per Show View oder direkt mit aufgeregter Hand der Aufnahmeknopf des Videorekorders aktiviert –, überspielen Sie seine Kassetten. Dafür müssen Sie nicht einmal mehr mit dem Typen zusammenwohnen. Leihen Sie sich die Kassetten einfach aus und drücken Sie, wenn Sie den Film abspielen wollen, auf den falschen Knopf. Das kann ja mal passieren …

Der Jesusanhänger

Gnade ihm Gott! Auch wenn Ihr Verflossener meint, einen ganz guten Draht zum großen Meister zu haben, weil er ein überzeugter Jesusanhänger ist, wird ihm der gute Glaube bald vergehen. Der Grund sind Ihre Racheakte.

Erwähnen Sie scheinbar gedankenversunken an der Fleischtheke des Supermarkts, dass Sie sich seit der Trennung von Ihrem Ex endlich keine scheußlichen Witze mehr über Geistliche und kleine Jungs anhören müssen.

Unterhalten Sie sich auf dem Wochenmarkt laut mit einer Freundin über seine abartigen Sexgelüste und homosexuellen Neigungen (Das kommt gerade in Katholikenkreisen gar nicht gut an). Und so gelogen ist das ja nicht. Schließlich hat er gegen das sechste Gebot – „Du sollst nicht ehebrechen" – verstoßen.

Diese Racheaktionen sind Ihnen alle zu gemein? Sie finden das gar nicht nett? Bitte, war Ihr Ex etwa nett zu Ihnen? Also legen Sie noch nach: Fragen Sie die Mitglieder seiner Bibelrunde, ob es sein könnte, dass Gläubige im Bordell Rabatt bekommen. Das müsste fast der Fall sein, so oft wie er dahin ginge.

Wollten Sie schon immer einmal sonntags im Mittelpunkt der Messe stehen? Dann stürmen Sie in die Kirche, geben Sie vor, geistig verwirrt zu sein, und informieren Sie die Gemeinde lauthals über seine perversen Sexgelüste und heiklen Steuerangelegenheiten. Selbstverständlich können Sie auch seinen Wecker verstellen, so dass er die Messe verpasst, denn das ist bei Hardcore-Christen eine Sünde. Oder Sie schneiden aus seiner geheiligten Kommunions-/Konfirmationsbibel ein paar Seiten heraus und überkleben Verse mit Pornobildern.

Der Kneipenstammgast

Ist Ihr Ex eher ein Kneipenstammgast, besuchen Sie ihn mit einigen trinkfesten Freunden in seiner Lieblingspinte und lassen Sie alle Cocktails (nur die teuersten, versteht sich) und andere Alkoholika auf seinen Deckel schreiben. Das dürfte kein Problem sein, die Bedienung wird Sie aus früheren Zeiten bestimmt noch kennen.

Gut informiert über seine abendlichen Ausgehgewohnheiten – montags „Babsi's Bierstube", dienstags „Zum Schluckspecht", mittwochs „Beim lustigen Zapfwirt" –, rufen Sie in seiner Stammkneipe an. Sagen Sie der Bedienung, sie möge doch mal eben kurz in den Raum brüllen, dass Ihr Ex seine Durchfalltabletten in der Wohnung liegen gelassen hätte. Nur zu seiner Info und Sicherheit, nicht dass er zu viel trinkt und dann wieder diese unangenehmen Probleme bekommt.

Der Pistengänger

Fällt Ihr Ex eher in die Sparte Pistengänger, der jedes Wochenende abtanzen muss, rufen Sie einfach bei seiner Lieblingsdisco an und lassen ihn von der Gästeliste streichen. Oder flirten Sie ein wenig mit dem Discjockey des Ladens und bitten ihn gegen Mitternacht um das Mikro. Als Vorwand benutzen Sie, dass Sie jemandem zum Geburtstag gratulieren wollen. Schöne Grüße können Sie dann ja auch Ihrem Ex ausrichten, beenden Sie Ihre kleine Rede mit der Zusatzinfo „Er ist übrigens die totale Niete im Bett."

Der Partyhengst

Wollen Sie einem Partyhengst eins auswischen und dabei auf Nummer sicher gehen, involvieren Sie eine gute Freundin. Sie soll Ihren Ex zu einer heißen Kostümfete einladen. Motto der Veranstaltung: „Wie Gott uns schuf." Selbstverständlich stellt Ihre Bekannte ihm heiße Einblicke in Aussicht und fängt ihn dann an der Tür ab. Steht er da, wie Gott ihn schuf, darf er den Partyraum stürmen, in dem – wie das nur sein kann? – keiner so nackt und bescheuert aussieht wie er.

Eine gute Idee ist es auch, das Gerücht zu streuen, Ihr Ex schnüffele gerne auf Feiern in der Unterwäscheschublade der Gastgeberin und probiere im Badezimmer alle luxuriösen Bodylotions aus.

Der Schmarotzer

Machen Sie sich die Mühe und überlegen Sie einmal, was und wie viel Ihr Verflossener Ihnen noch schuldet. Denn vielleicht ist er die Art von Schmarotzer, die sich bei allen Bekannten ständig ein paar Euro borgt, nie eigene Zigaretten hat und trotz wiederholtem „Ja, ja, natürlich. Morgen bringe ich sie dir wieder mit" in seinem Regal zahlreiche geliehene Bücher und CDs stehen hat. Verliebte lassen das dem Partner durchgehen, Verlassene aber bitte nicht! Machen Sie sich eine Liste über die Außenstände und fragen Sie bei seinen Freunden nach Dingen, die sie Ihrem Ex geliehen haben. Bestimmt vermisst der eine oder andere auch noch ein paar Euro, CDs, Kleidungsstücke oder Bücher. Denn meist ist es eine Masche, und so schnorrt sich Ihr Ex durch sein ganzes Leben. Starten Sie daher Ihre Racheaktion mit den Betroffenen zusammen. Rufen Sie und Ihre Bekannten im Fünf-Minuten-Takt bei ihm an, um Geld und fehlende Sachen zurückzufordern. Drohen Sie ihm mit Mafiamethoden, wenn er nicht bald seine Schulden begleicht. Der Kerl kommt ganz schön in die Bredouille, und die vielen Beschwerden per Telefon werden ihm den letzen Nerv rauben.

Der Kartenspieler

Trifft sich Ihr Ex als Kartenspieler wöchentlich zum Doppelkopf, erzählen Sie seinen Mitspielern, dass er sich zu Hause immer die besten Schummeltricks überlegt – zugegeben, das ist ein eher harmloser Racheakt. Weitaus schwer wiegender allerdings sind die Folgen in Sachen Falschgeld. Übt der Kartenspieler seine Leidenschaft nahezu semiprofessionell aus, kommt das Ihren Rachegelüsten sehr entgegen.

Vervielfachen Sie auf einem Farbkopierer ein paar Geldscheine und tauschen Sie die Fälschungen gegen die Scheine in seiner Geldbörse aus. Wohlwissend um seine Spielstätten – wozu waren Sie lange Zeit seine Vertraute –, rufen Sie dort anonym an und erzählen von Ihrem Verdacht auf Blüten in seinem Portemonnaie.

Der Klugscheißer

Sicher sind nicht alle Männer Klugscheißer. Und sicher ist das eine Frage des Geschmacks und davon abhängig, wie dick das (Trommel-)Fell ist. Doch unter dem Strich zählt diese Sorte von Ex zu den nervigsten Männertypen. Er weiß alles und das natürlich besser. Blabla hier, blabla da und jedem will er klarmachen, dass er Mister Oberschlau ist. Es mag zwar durchaus sein, dass der Typ sich wirkliches Wissen angeeignet hat, doch von Bescheidenheit hat er noch nichts gehört. Sei's drum: Wer nicht hören will, muss fühlen. Rufen Sie sich all die Situationen ins Gedächtnis, in denen er Sie als Dummchen dastehen ließ. Besonders gerne tat er dies auf Partys, jeden textete er mit seinem Pseudo-Einstein-Gelaber zu und blickte dann zu Ihnen: „Na mein kleines Dummerchen, das hast du auch nicht gewusst, hab ich Recht?" Und denken Sie auch daran, dass er bezüglich des Themas „Treue" wohl doch ein paar Wissenslücken hat.

Melden Sie sich also bei Ihrem Ex mit Freunden zum Trivial-Pursuit-Spieleabend an. Dies aber erst, nachdem Sie und die anderen alle Kartenfragen inklusive Lösungen im Schlaf runtermurmeln können. Mit dem Wissen schockieren Sie dann Herrn Angeblich-Alleswisser.

Noch schöner ist es, wenn eine Bekannte oder Freundin von Ihnen Lehrerin ist. Am besten an einer Grundschule, dort dürfen sich bekanntlich des Öfteren Eltern den Unterricht ansehen. Und bestimmt ist es auch möglich, dass statt der Lehrerin ein anderer, besonders kluger Erwachsener eine Schulstunde abhält. So soll es sein: Ihr Ex als Mister Schlauberger soll den Kindern etwas beibringen. Das wird er sich nicht zweimal sagen lassen und gebauchpinselt das Angebot annehmen. Damit dieser Racheakt auch pädagogisch wertvoll ist, heckt die Lehrerin mit den Mädchen und Jungen vorher knifflige Fragen aus, zum Beispiel die Frage eins: Wie hoch ist eigentlich die höchste Stelle im Patkaigebirge? (Lösung: 3.824 Meter, liegt in Birma.) Die zweite Frage könnte lauten: Was ist eine Karyatide? (Lösung: weibliche Statue mit langem Gewand, die in der Architektur der Antike anstelle einer Säule das Gebälk eines Bauwerks trägt.) Und drittens: Wie hieß Bisonjäger Buffalo Bill wirklich? (Lösung: William Frederick Cody.)

Ein bisschen Erdkunde, ein bisschen Geschichte und dann wird sein Allgemeinwissen abgefragt. Ihr Ex soll ruhig staunen, was Drittklässler heutzutage alles wissen wollen und er nicht parat hat.

Wichtig: Sollte er wider Erwarten ganz spontan die richtigen Antworten wissen, machen Sie ihm trotz allem noch einmal schöne Augen und versuchen Sie ihn bei der Sendung „Wer wird Millionär?" mit Günther Jauch unterzubringen. Denn so wie es aussieht, ist Ihr Ex wirklich ein ganz helles Köpfchen. Nachdem er in der Sendung hoffentlich hoch abkassiert hat, nehmen Sie sich das Geld und suchen dann das Weite.

Der Adelige

Ähnlich wie der Klugscheißer zählen auch manche Männer der Sorte Adelige zu den Sprücheklopfern und Wichtigtuern. Dieses kleine „von" im Namen ist ihnen so zu

Kopf gestiegen, dass sie bei jeder Gelegenheit mit ihrer Abstammung prahlen. Und, kommt Ihnen das bekannt vor? Tönte Ihr Ex in Gesellschaft auch gerne herum, irgendwie und um 20 Ecken mit dem britischen Königshaus verwandt zu sein? Dann bringen Sie einmal sein blaues Blut in Wallung und sorgen für ein paar Schweißperlen auf seiner Stirn!

Entwerfen Sie einen schönen Briefkopf, setzen Sie einen fiktiven Namen und als Beruf „Ahnenforscher“ ein. Auf diesem Briefpapier schreiben Sie Ihrem Ex ein paar Zeilen: Alles sei ein schreckliches Missverständnis, und es wäre geradezu schlimm, dass es erst jetzt ans Tageslicht komme. Aber es bestehe kein Zweifel: Seine Ur-Ur-Ur-Großmutter mütterlicherseits sei, wie es sich herausgestellt habe, ein uneheliches Kind. Damit könne seine Abstammung vom Hause – an dieser Stelle geben Sie den Namen der Person oder Familie an, mit dem er sich immer gerühmt hat – nicht nachgewiesen werden. Schlimmer noch, sie sei komplett widerlegt. Er solle sich keine Gedanken machen, diese Nachforschungen zu überprüfen. Sie (der Ahnenforscher versteht sich) betreiben den Job seit über 40 Jahren und dies auch im Dienste des britischen Königshauses. Es hätte Ihnen (dem Ahnenforscher) viel Kopfzerbrechen bereitet, ob er diese Erkenntnis an die Öffentlichkeit bringen sollte. Aber es werde doch zu viel Schindluder mit gekauften Adelstiteln betrieben und letztendlich wäre es sicher auch in seinem Interesse, mehr über seine wahre Herkunft zu erfahren. Punkt. Aus. Ende. Wenn die Sache größere Kreise ziehen soll, faxen Sie ihm diesen Brief ins Büro.

Der Vielflieger

Apropos Job: Ist Ihr Verflossener zufälligerweise ein Vielflieger und ständig unterwegs? Dann lassen Sie ihn kurz vor dem Start in einer „beruflich sehr wichtigen

Sache" ausrufen. Oder erzählen Sie dem Flughafenpersonal von Ihrem gestrigen Arztbesuch, bei dem der Onkel Doc bei Ihnen einen hochansteckenden Virus entdeckt habe. Dieser könnte sich auch bei Ihrem Verflossenen eingenistet haben.

Sollten Sie noch mit Ihrem Ex zusammenwohnen, schmuggeln Sie eine Flasche Tränengas, ein Küchenmesser und kaum identifizierbare gekritzelte Aufzeichnungen in sein Gepäck. Diese Racheaktion hat einen heiklen Hintergrund, aber angesichts der strengen Kontrollen am Flughafen sollte das für Ihren Ex ein deftiges Nachspiel haben. Er kann dann noch so oft den Kopf schütteln und behaupten, er wisse von nichts.

Der ewige Student

Auch sie gibt es noch, die ewigen Studenten. Gerne sich selbst entschuldigend: „Nee, Berufsaussichten sind so schlecht. Mach' nächstes Jahr mein Diplom", befinden sie sich mittlerweile im 22. Semester Mathematik oder im 25. Semester Philosophie. Ein Ende des lauen Lebens ist nicht in Sicht. Also müssen wohl Sie dafür sorgen. Denn auch wenn seine Professoren ihm das unverbindliche Kommen und Gehen nachsehen – in einer Beziehung ist das nicht in Ordnung und schreit nach Rache:

Eher harmlos ist der fiktive Brief vom Universitätssekretariat. Darin drohen Sie (alias die Vorzimmerdame des Dekans) Ihrem Ex mit der umgehenden Exmatrikulation. Weitaus wirkungsvoller, da die Folgen für ihn sofort spürbar sind, ist folgender Racheakt: Lassen Sie sich bei einem nächsten Treffen – am besten bei einer Kinoverabredung – seinen Studentenausweis zeigen und begründen Sie Ihre Neugierde damit, dass es so lustig wäre, alte Bilder von Freunden zu sehen. Lachen

Sie, machen Sie Witze und lassen Sie seinen Ausweis dann kurzerhand in den Gulli fallen. Weg ist er, und Ihr Ex kommt erst einmal nicht mehr in den Genuss von verbilligtem Kino, Vergünstigungen im Schwimmbad oder Museumsermäßigungen. Denn so alt, wie er ist, nimmt ihm niemand seinen Studentenstatus ab.

Der WG-Bewohner

Ganz hartgesottene Langzeitstudenten sind häufig zugleich WG-Bewohner – Ihr Ex auch? Dann sorgen Sie für dicke Luft in seiner WG!

Erzählen Sie seiner Mitbewohnerin, dass er gerne in ihrem Zimmer herumstöbere und manchmal auch ihre Slips anziehe. Auch wenn Ihr Ex noch so oft seine Unschuld beteuert, seine Mitbewohnerin wird misstrauisch bleiben und ihr Zimmer zukünftig abschließen.

Wenn Sie Ihren Ex demnächst besuchen, dürfte Ihnen der folgende Racheakt Spaß machen: Nutzen Sie einen Moment, in dem Sie unbeobachtet sind, und wählen Sie mit dem WG-Telefon eine 0-190-Nummer an. Die Einheiten des Gesprächs tragen Sie dann bei seinem Mitbewohner ein. Dafür wird Ihr Verflossener Ärger kriegen.

Sollte Ihr Verflossener nur zur Untermiete in der WG wohnen und das ohne Wissen des Vermieters, rufen Sie selbigen an und klären Sie ihn über das illegale Hausen auf.

Falls Sie über das nötige Kleingeld verfügen, kaufen Sie kurzerhand die Immobilie, in der Ihr Ex lebt, und setzen Sie ihn und die anderen WG-Mitglieder vor die Tür (Träumen ist auch erlaubt ...).

Der Messi

Hereinspaziert in seine Wohnung – und das bitte auf Zehenspitzen. Überall fliegen Zettel herum, Kleidungsstücke liegen in den Ecken, in der Küche stapeln sich die verkrusteten Teller. Keine Frage, dieser Typ von Mann ist kurz davor, ein Messi zu werden, und das ganze Gegenteil vom Meister Proper.

Der Messi liebt das Chaos beziehungsweise hat er sich im Lauf der Zeit daran gewöhnt und offensichtlich vergessen, was seine Mutter ihm eingetrichtert hat: „Immer schön das Zimmer aufräumen!"

Wahrscheinlich hat Ihr Verflossener insgeheim gehofft, bei Ihnen würde irgendwann einmal der Putzfimmel ausbrechen und Sie brächten dann seine Bude auf Vordermann. Die große Reinmachtour kann er haben, in Form von Rache.

Engagieren Sie eine Putzkolonne, die über extrem duftende Scheuermittel verfügt, und überlassen Sie der Truppe seine Wohnung. Es wird eine wirklich tolle Überraschung für Ihren Ex sein, wenn er von der Arbeit nach Hause kommt und in der Ordnung seine Sachen nicht mehr findet. Wenn Sie keinen Schlüssel mehr zu seiner Wohnung besitzen und die Tür nicht aufbrechen wollen, klingeln Sie beim Hausmeister. Der pflichtbewusste und panikerfüllte Mann wird Ihnen beim Anblick der Verwüstung gerne Eintritt gewähren. Schließlich lockt der Mist in der Wohnung Ihres Ex allerlei Getier an und verwandelt das ganze Haus womöglich in eine Ratten-höhle. Falls Ihnen die Aktion zu aufwändig und zu teuer ist, rufen Sie einfach bei seiner Hausverwaltung oder dem Vermieter an und beschweren sich anonym über den widerlichen Gestank aus seiner Wohnung. Schieben Sie hinterher: „Man liest ja so oft von Toten, die wochenlang in ihrer Wohnung liegen, nicht wahr?" Sicher wird der Vermieter der Sache nachgehen.

Wenn Sie Ihren Ex selbst zum Aufräumen bringen wollen, ziehen Sie einen männlichen Bekannten hinzu. Dieser soll sich telefonisch bei ihm als reicher Onkel aus Kanada vorstellen und seinen Besuch ankündigen. Selbstverständlich will der Onkel für ein paar Tage bleiben, und zwar in der Wohnung seines „Neffen", um sich den potenziellen Erben einmal anzuschauen.

Der Kommunalpolitiker

Sollten Sie in einem kleineren Städtchen leben, in dem jeder jeden kennt und wo sich Ihr Verflossener als Kommunalpolitiker versucht hat, plaudern Sie beim Friseur ein wenig aus dem Nähkästchen. Da an diesem Ort sowieso alle über die Herz- und Schmerzangelegenheiten des anderen Bescheid wissen, brauchen Sie nur beiläufig seinen Vornamen zu erwähnen. Einige Minuten später erzählen Sie dann von einem „ehemaligen Lover, der auf die Nummer zu dritt stand". In solch einem Fall müssen Sie selbst gar nicht erst die Verbindung zwischen Vorname und Vorlieben schaffen. Denn das tun, wie in solchen Orten üblich, die Zuhörer selbst.

Steht gerade eine Wahl an, können Sie auch einfach die Plakate Ihres Ex mit blöden Sprüchen beschmieren, überkleben oder ganz abreißen. Er wird seine Wahlkasse ganz schön belasten müssen, um neue Plakate anzubringen oder die alten säubern zu lassen.

Der Möchtegern-Schauspieler und der Unter-der-Dusche-Sänger

Was haben Sie sich nicht alles in den vergangenen Monaten anhören müssen! Zitate aus Shakespeares Werken, Gedichte von Goethe, Passagen aus Hollywoodfilmen, kleinere Gesangseinlagen aus Musicals und immer wieder seine diversen Eigenkompositionen, die er Ihnen mit einem selbstgefälligen „Ganz toll, geht in Richtung frühe Beatles, heutige Madonna" oder noch schlimmer so vorgestellt hat: „Völlig neu, noch nie da gewesen." So ist es eben, wenn der Partner ein Möchtegern-Schauspieler oder Unter-der-Dusche-Sänger ist. Doch das gehört zum Glück der Vergangenheit an. Können Sie sich vorstellen, wie oft der Typ Sie vollgetextet hätte, wenn er erst entdeckt worden wäre? So schlagen Sie durch Ihre Rache gleich zwei Fliegen mit einer Klappe.

Geben Sie sich als Schreiberin eines Stadtmagazins aus und bitten Sie ihn um ein Interview – sie hätten von seinem großen Talent gehört, dann erzählen Sie ihm das, was er hören will. Schlagen Sie einen Gesprächstermin vor, der direkt in seine Arbeitszeit fällt. Motiviert und bestätigt in seinem Können, wird er vor dem Interview seine Neue mit allerhand Kostproben seiner Kunst nerven. (Das ist der erste Racheteil.) Wenn Sie es perfekt machen wollen, schicken Sie tatsächlich eine gute Bekannte zum Treffpunkt, die ihm ein paar Löcher in den Bauch fragt. Auf alle Fälle dürfen Sie aber nicht vergessen, seinen Arbeitgeber über den Interviewtermin zu informieren. Falls sich Ihr Ex nicht extra freigenommen hat, dürfte er vom Boss gehörig Ärger kriegen (der zweite Racheteil).

Der Erfinder

Optimismus und ein gesunder Glaube an sich selbst sind wahrlich ehrenhaft. Gerade Außenseiter wie der Erfinder brauchen davon ein bisschen mehr als andere. Das allerdings nutzt ihm nichts, weil Sie sich trotzdem gekonnt an ihm rächen werden.

Schließlich war sein Forschen in Sachen „freie Beziehung“ und das Ergebnis „geht doch“ gar nicht lustig. Also schreiten Sie zur Tat: Jeder dieser menschgewordenen Daniel Düsentriebs schäumt über vor Wut, wenn jemand anderes mit derselben Erfindung wie er aufwartet und es als eigene Idee verkauft. Genau das lässt sich doch machen …

Erzählen Sie einem der schärfsten Mitstreiter Ihres Ex von seinen Forschungen und Entwicklungen. Vielleicht schaffen Sie es sogar, geheime Unterlagen und Entwürfe zu entwenden und/oder zu kopieren. Es wird Ihren Ex verdammt ärgern, wenn er sein über Jahre geschaffenes Meisterwerk beim Patentamt anmelden will und sein größter Konkurrent schneller war.

Der Modedesigner

Ähnliches empfiehlt sich, wenn es sich bei Ihrem Ehemaligen um einen Möchtegern-Modedesigner handelt. Auch bei ihm sorgt es für Verärgerung, wenn ein Kollege tatsächlich genau die gleiche Kreation wie er vorstellt. Wollen Sie seine Entwürfe nicht stehlen oder kopieren, können Sie sich unter das Designer-Szenevolk mischen und dort fast beiläufig von seinen Ideen und Plänen erzählen.

Der Bastler

Für den Bastler mit eigenem Hobbyraum empfiehlt sich derselbe Rachetipp wie für den Antiquitätensammler: Rudern Sie mit den Armen, keuchen Sie herum und täuschen Sie so einen Schwächeanfall vor. Dann fallen Sie in seine penibel aufgebauten und zusammengeklebten Modellflugzeuge.

Der Zeitschriftenleser

Dem Zeitschriftenleser kündigen Sie am besten die Abos. Noch ärgerlicher für ihn ist es natürlich, wenn Sie einen Nachbarn beauftragen, ihm die Zeitschriften aus dem Briefkasten zu klauen. Alternativ können Sie dafür sorgen, dass der Briefkasten Ihres Ex Spuren an seinen Lieblingslektüren hinterlässt: Träufeln Sie einfach eine Flasche Ahornsirup in den Kasten oder besinnen Sie sich auf die stinkige Variante: Werfen Sie Hundekot hinein.

Der Bücherwurm

Den Bücherwurm treiben Sie zur Weißglut, wenn Sie die nach Alphabet geordneten Bücher durcheinander bringen. Natürlich können Sie Ihrem Ex auch einen Besuch in Begleitung eines schokoladensüchtigen Siebenjährigen abstatten. Das Kind soll dann reichlich und vor allem unbeaufsichtigt dem Verzehr von Süßigkeiten frönen und zwischendurch das eine oder andere Buch in die Hand nehmen. Wie Sie es schaffen, das alles wie geplant läuft? Bitten Sie Ihren Ex um eine Aussprache unter vier Augen, allerdings nicht, bevor Sie sich den Jungen zum Verbündeten gemacht haben. Briefen Sie dem Steppke genau, was er tun soll, während Sie und Ihr Ex ins Gespräch vertieft sind, und stellen Sie bei Erledigung des Auftrags eine Extraportion Schokolade in Aussicht.

Der Jäger und Angler

Stehen Sie auf exotische Männer, könnte es sich bei Ihrem Ex auch um einen Angler handeln. Diese Männersorte liebt die Ruhe und macht sich gerne auf die Suche nach einem lauschigen Plätzchen, in der Erwartung, an dieser Stelle einen großen Fisch zu fangen. Leider wird ihm dies nicht gelingen. Laden Sie die Mädchen und Jungen aus Ihrer Nachbarschaft ein und veranstalten Sie an seiner bevorzugten Angelstelle ein Kinderfest. Natürlich mit Pauken und Trompeten, so dass jeder Karpfen erschrocken das Weite sucht.

Bei der Spezies Jäger empfiehlt sich bekanntes Hochstuhlansägen. Wenn Sie das nicht selbst unternehmen wollen, nehmen Sie Kontakt zu einer aktiven Anti-Jagd-Gruppe auf und erzählen Sie den Mitgliedern, dass Ihr Ex es mit den Schonzeiten nicht so genau nimmt.

Wenn Sie einfach nur wollen, dass Ihr Ex die Munition verballert, verteilen Sie in seinem Lieblingsjagdgebiet eine Horde täuschend echt aussehender Stoffhasen.

Es könnte endlos so weitergehen ...

Dem Raucher können Sie ein Spaß-Feuerzeug in die Hand drücken, das beim Aktivieren einen elektrischen Schlag verteilt.

Am süchtigen Shopper rächen Sie sich, indem Sie seine Kreditkarten als gestohlen melden und sperren lassen. Der beste Zeitpunkt hierfür ist ein Samstag, wenn bei ihm besonders häufig die Kauflust ausbricht und kein Bankschalter geöffnet hat.

Dem Typen Bitte-alles-nur-kein-Aufsehen-erregen wischen Sie gehörig eins aus, wenn Sie seine Hausverwaltung anrufen und sich dort darüber beschweren, dass er zu laut beim Sex ist.

Sie sehen, es gibt eine scheinbar endlos lange Liste von Typen und Racheakten, es wäre also ein Unding, auch nur eine Variante nicht zu bedenken ... Lassen Sie Ihrer Phantasie freien Lauf.

Willkommen im Club der Teufelinnen

Fall 1: Elise ist eine Schauspielerin, deren zunehmendes Alter es ihr immer schwieriger macht – trotz Silikon und Lifting –, an gute Rollen zu kommen. Selbst Gatte Bill, der dank ihrer Karriere ein angesehener Filmproduzent in Hollywood geworden ist, zeigt ihr die kalte Schulter. Als es um die Besetzung eines neuen Films geht, vergibt er die Hauptrolle an die schöne, aber vor allem junge Phoebe. Ehefrau Elise bietet er an, die Rolle von Phoebes Mutter zu übernehmen – gleichzeitig reicht er die Scheidung ein. Folge: Elise ersäuft ihren Kummer ...

Fall 2: Jahrelang ackerte Brenda für ihren Mann Morty, half ihm dabei, eine Elektrowarenhandelskette aufzumachen und zog obendrein noch den gemeinsamen Sohn auf. Der Lohn ihrer Mühe? Ein pubertierender 15-Jähriger und ein Mann, der Millionär ist. Letzterer verguckt sich in die Kassiererin Shelly, ein junges, blondes und noch nicht von altersbedingter Cellulite geplagtes Ding. Folge: Brenda sitzt alleine zu Hause und frisst sich Frustspeck an.

Fall 3: Annie setzt schon seit 20 Jahren ihr Köpfchen und geschicktes Händchen für Ihren Mann Aaron und seine eigene Werbeagentur ein. Außerdem kümmert sie sich noch um die gemeinsame 17-jährige Tochter Chris, die ihr Faible für Frauen entdeckt. Auch in Annies Ehe läuft nicht alles so, wie sie es sich wünscht. Eine Therapeutin soll ihre Beziehung wieder richten. Doch jene kümmert sich ein wenig intensiver um Aaron, als es seiner Frau lieb ist, und das noch mit Erfolg – Aaron reicht die Scheidung ein. Folge: Annie fällt in eine tiefe Depression.

Fall 4 endete mit einem Selbstmord. Die Tote war eine gemeinsame Collegefreundin der drei Frauen, und ihr Begräbnis bringt Brenda, Elise und Annie wieder zusammen. Die drei abservierten Ladies beschließen, es ihren Männern heimzuzahlen. Überschäumend vor Wut gründet das Trio den „Club der Teufelinnen" und plant strategisch die wirtschaftliche und gesellschaftliche Vernichtung der Treulosen. Zusammen wollen sie sich an ihren Männern dafür rächen, was diese ihnen angetan haben. Steuerfahndung, Aufkauf der Firma, Ausplaudern von Intimitäten – bis ins letzte Detail werden die Ex-Ehemänner auseinander genommen. Am Ende sehen sich die Herren den drei Frauen hoffnungslos ausgeliefert.

Bevor Sie jetzt aber nach den Adressen der Frauen fragen und Mitglied im „Club der Teufelinnen" werden wollen, sei kurz erwähnt: Das ist Hollywood. Bette Midler als Brenda, Blondschopf Goldie Hawn als Elise und Diane Keaton in der Rolle der Annie zeigen der Zuschauergemeinde, wozu Frau in der Lage ist, und brachten damit die Kinokassen zum Klingeln.

Prominente Rächerinnen

Rachegeschichten gibt es nicht nur im Film! Auch im realen Leben machen mehr und mehr prominente Frauen ihrem Ex den Garaus – zwar auch in Hollywood, aber ebenso an anderen Orten beherrschen Frauen die Regeln der Rache. Manche Strategie ist menschlich, manche amüsant, manche einfach nur dämlich und manche für Sie, liebe Leserin, vielleicht eine kleine Inspiration.

Uschi Glas

Das „Schätzchen" der TV-Nation, allen bekannt als Uschi Glas, 57, traf es wie aus heiterem Himmel: Ihr Mann Bernd Tewaag, 57, hatte tatsächlich eine andere. Eine Anke S., um die 30 Jahre jung und Mitbetreiberin eines Würstelstands mitten in der Münchener Innenstadt. Herausgekommen war die Affäre, weil ein Fotograf den Bernd und die blonde Anke beim Händchenhalten erwischte und das Ergebnis seiner Agententat an ein Boulevardblatt verkaufte.

Nach dem ersten Schock fasste sich die Schauspielerin aber zum Glück und schüttete ihr Herz erst einmal der *Bild*-Zeitung aus. Dort stand dann am 12. Februar 2002 zu lesen, dass Frau Glas schon seit längerem gespürt hätte, „dass seine Küsse flüchtig wurden, dass sein Herz und seine Hose nicht mehr bei ihr sind". In den darauf folgenden Tagen erschien ein Zeitungsartikel nach dem anderen. Zwar plauderte auch Bernie aus dem Nähkästchen, doch unterm Strich konnte sich Uschi als Siegerin sehen. Auf ihrer Tour durch die Medien flogen ihr die Herzen nur so zu, und als sie dann noch bei Moderator Reinhold Beckmann ruhig und offen über ihre Gefühle sprach, dachte nicht nur die Uschi-Fangemeinde: Kompliment! Eine starke Frau!

Doch die Bayerin legte sogar noch eins drauf und pries in einem TV-Werbespot Sojawürstchen aus dem Reformhaus an. Nett lächelnd und mit Augen, aus denen der Schalk nur so blitzt. Daher ist es auch egal, dass der Geschäftsführer des neuen Werbepartners von Uschi Glas erklärte, die Spots seien bereits Monate vorher abgedreht worden. Denn zurückblieben eine rehabilitierte Uschi Glas, schmunzelnde Leser und Fernsehgucker sowie ein armes Würstchen namens Bernd.

Verona Feldbusch

Reine PR-Masche, total menschlich oder doch ein durchdachter, später Rachefeldzug? Darüber rätselten Zeitungsmacher und Zuschauer, als Werbeliebling und Blubb-Macherin Verona Feldbusch bei Talkmaster Johannes B. Kerner plötzlich mitten im Interview in Tränen ausbrach. Knapp eine Minute weinte die damals 33-Jährige vor laufender Kamera und erinnerte sich an die fünf Jahre zurückliegende Blitz-Ehe mit Modern-Talking-Musiker Dieter Bohlen, 47. Unter Schluchzen behauptete Verona, der Pop-Millionär habe sie in dieser Zeit geschlagen.

Der Beschuldigte winkte ab und warf seiner Ex erst einmal vor, das alles sei doch nur eine Marketingmasche für ihre neue Sendung „Einfach Verona". Darauf folgte ein Hin und ein Her, von Anwälten war die Rede und auch von Telefonatmitschnitten, in denen Bohlen angeblich alles gestehen würde. Letztendlich kam Dieter Bohlen selbst in die JBK-Show und gab dort zerknirscht zu, dass er Verona wehgetan habe und es ihm Leid tue.

Sabine Christiansen

ARD-Moderatorin Sabine Christiansen erfuhr ausgerechnet im verflixten siebten Ehejahr von Gatte Theo Baltz: Es gibt da eine Neue. Und diese war nicht irgendeine Unbekannte. Nein, es war Ulla Kock am Brink, ebenfalls eine TV-Moderatorin. Und eigentlich hatte Sabine Christiansen gedacht, mit ihr durchaus befreundet zu sein – gut und sogar bewiesenermaßen. Des Öfteren strahlten die Paare Christiansen und Baltz sowie Kock am Brink und Bremm (Alfred Bremm war acht Jahre lang Ullas Lebensgefährte und Manager) bei Empfängen gemeinsam in die Kamera. Logisch, dass nach dem Geständnis ihres Ehemanns der Schmerz bei Christiansen doppelt tief saß. Zumal Theo Baltz ihr mit seiner Firma „Medienkontor" auch beruflich zur Seite stand. Er war der Produzent ihrer sonntäglichen Polit-Talkshow. Wie sollte es nun weitergehen?

Zunächst hieß es ganz professionell, der privaten Trennung würde keine berufliche folgen. Und zuerst sah es auch danach aus. Doch dann, ein Jahr später, ging die Information über den Meldungsticker, dass künftig eine Firma namens „TV 21" verantwortlich für die Redaktion und Produktion der ARD-Sendung „Sabine Christiansen" sei. Nun darf dreimal geraten werden, wer wohl hinter „TV 21" steckt.

Genau. Neben Fernsehproduzent Michael Heiks ist auch Sabine Christiansen geschäftsführende Gesellschafterin. Nicht nur, dass die Moderatorin mit diesem Schritt ihren Einfluss auf die eigene Sendung erhöhte – nein, sie entmachtete auch ihren Ex. Denn Theos „Medienkontor" blieb fortan nur noch die technische Abwicklung der Sendung.

Liz Hurley

Die britische Schauspielerin Liz Hurley, 36, gelangte an einen Typ Mann, dem man niemals begegnen sollte. Das Top-Model und die langjährige Freundin von Filmschauspieler Hugh Grant, 41, angelte sich US-Milliardär Steve Bing, 35, und turtelte knapp eineinhalb Jahre mit ihm herum. Was natürlich nicht ohne Folgen blieb: Liz wurde schwanger und sagte von Anfang an, Bing sei der Vater. Und der? Statt mit stolzgeschwellter Brust von seinem Nachwuchs zu schwärmen, wollte der Amerikaner plötzlich nichts mehr mit Liz zu tun haben. Schlimmer noch, er zweifelte sogar die Vaterschaft an, sprach von einer nicht exklusiven Beziehung und unterstellte Hurley doch tatsächlich, untreu gewesen zu sein. Das fand Liz gar nicht lustig. Auch die britische Presse ergriff massiv für sie Partei und verpasste ihrem Ex-Liebhaber erst einmal den Beinamen „Bing Laden". Die Zeitung *Daily Mirror* veröffentlichte sogar seine Telefonnummer und rief alle Leser auf, bei ihm anzurufen und zu protestieren. Klar klagte dann Bing darüber, dass die Boulevardpresse ihm das Leben zur Hölle gemacht habe. Doch über derartiges Gewimmer konnte Liz Hurley nur milde lächeln. Sie wollte auf keinen Fall klein beigeben, sondern es dem schwerreichen Drückeberger zurückzahlen. Nachdem Sohn Damian Charles Hurley in London zur Welt kam, drängte die Estee-Lauder-Schönheit auf einen Vaterschaftstest. Der bestätigte dann endlich auch das, was sie ja schon längst wusste: Bing ist Papa des Modelnachwuchses und muss ordentlich zahlen. Dazu noch eine Randbemerkung: Irgendwie klingt doch auch der Ort, an dem Liz ihren kleinen Sohnemann taufen ließ, nach einem kleinen Rachefeldzug. Oder an was denken Sie, wenn Sie den Namen „Kirche der unbefleckten Empfängnis" hören?

Luciana Giminez Morad

Ja, so ein Vaterschaftstest bringt manch einen Mann ins Schwitzen und Tatsachen ans Tageslicht: So geschehen auch nach dem Zusammentreffen von Dessous-Model Luciana Giminez Morad, Ende 20, und Rolling Stones-Sänger Mick Jagger, Ende 50. Sie machte ihm schöne Augen, er ihr ein Kind. Als die rassige Brasilianerin dann aber mit ihrem immer runder werdenden Bäuchlein auf Promotionstour ging, schwieg Jagger zunächst. Zwar leugnete er die Affäre nicht, doch zur Vaterschaft wollte er sich nicht äußern. Schließlich wütete zu Hause bereits Ehefrau Jerry Hall, selbst erfolgreiche Laufstegschönheit. Schon oft hatte die Texanerin ihrem Musiker die eine oder andere Affäre verziehen, zum Beispiel die mit dem Model Carla Bruni. Nun aber war für sie das Maß voll.

So erwischte die Rache der Frauen den Pop(p)-Opi Jagger gleich doppelt. Während das brasilianische Mannequin den kleinen Lucas zur Welt brachte und einen Vaterschaftstest verlangte, forderte Jerry Hall nach 22 Jahren des Zusammenlebens die Trennung und dazu rund 30 Millionen Pfund (etwa 47 Millionen Euro) Abfindung. Damit aber nicht genug Belastung für Jaggers Konto. Nachdem der Vaterschaftstest positiv ausfiel, muss der Stones-Boss für seinen Sohn rund 10.000 Euro Unterhalt im Monat zahlen.

Ivana Trump

Die Erkenntnis: Nichts gibt es umsonst! Schon gar nicht, wenn Mann es mit einer verdammt gewieften Frau aufnimmt: Zum Beispiel mit Ivana Trump. Die ehemalige tschechoslowakische Schönheitskönigin und Olympia-Skiläuferin war über zehn

Jahre Ehefrau des amerikanischen Baulöwen Donald Trump. Und der ist kein armer Mann. Geht es um Spekulationen über sein Vermögen, schwanken die Summen zwischen 450 Millionen und zweieinhalb Milliarden Dollar. Als Donald Trump sich dann einmal nach einer anderen Dame umschaute und fündig wurde, wollte Ivana natürlich etwas von seinem Geld abhaben. Mit Erfolg! Bei der Scheidung zockte sie um die 25 Millionen Dollar ab – zehn Millionen gab es cash, zwölf Millionen in Form von Immobilien und um die drei bis vier für ein schickes Stadtappartement. Heute ist Ivana Trump eine reiche Geschäftsfrau, zudem noch Schriftstellerin und aktives Mitglied des internationalen Jetsets.

Es sei noch angemerkt, dass Ex Donald ein wenig dazugelernt hat. Seiner zweiten Frau Marla, Ivanas Nachfolgerin, mussten nach knapp vier Jahren Ehe um die zwei Millionen Dollar Abfindung reichen. Ivana aber bleibt sich weiter treu und leistete dem Frauentrio im Hollywoodklassiker „Club der Teufelinnen" Schützenhilfe. Im Film spielt sie sich selbst und rät bei ihrem Mini-Auftritt allen Betrogenen: „Ärgere dich nicht. Nimm dir aber das, was dir zusteht!"

Diandra Douglas

So soll's sein, das dachte sich wohl auch Diandra Douglas, als ihr Ehemann Michael Douglas nach 22 Ehejahren von Trennung sprach. Gekriselt hatte es bei dem Paar schon vorher, dann aber verguckte sich der US-Schauspieler auch noch in Kollegin Catherine Zeta-Jones, 30. Bevor er sich dieser aber zuwenden und ihr später sogar den Ehering überstreifen durfte, musste er erst einmal seiner Hausbank einen Besuch abstatten. So billig wollte ihn Diandra nicht davonkommen lassen. Schließlich drängte sich doch der Verdacht auf, dass es mal wieder ganz schön typisch ist: Kaum kommt ein Mann in die Jahre, muss Frischfleisch her – Catherine ist elf Jahre jünger als Diandra. So ein Altersunterschied mag für die eine oder andere Frau zu einer bitteren Erkenntnis führen, Diandra ließ sich diese aber wenigstens kräftig versüßen. Vom Scheidungsgericht bekam sie die satte Summe von 70 Millionen Dollar zugesprochen! Und ähnlich wie Donald Trump hat Michael Douglas daraus die Konsequenzen gezogen. So berichtete die britische Boulevardzeitung *The Sun*, dass Catherine Zeta-Jones sich vor der Trauung mit Douglas verpflichtet habe, im Fall einer Scheidung keinen Anspruch auf das immense Vermögen ihres zukünftigen Ehemannes zu erheben.

Patrice Farameh

Auf den ersten Blick ging Patrice Farameh leer aus, die 151 Tage an der Seite von Boris Becker verbrachte. Die hübsche US-Perserin hatte das deutsche Tennisidol in einem Münchener Restaurant kennen gelernt und wich seitdem nicht mehr von seiner Seite. Eine Promi-Party folgte auf die andere, und die nötige Garderobe dafür gab es als Leihgabe direkt von den Designern. „Rena Lange, Armani oder Escada wussten, dass ich mit Boris auf der Gästeliste stand", erzählte Patrice im Interview mit der *Bunten* (Heft 31/2002). Und genau dieser Zeitschrift berichtete sie dann auch von ihrer Zeit mit Boris, als die Beziehung mit dem AOL-Werbeträger („Bin ich schon drin?") scheiterte.

Patrice Farameh sprach über den Mann Boris – „Boris ist ein Jäger. Er entscheidet, wenn eine Frau ihm gefällt." – und wie sie zunächst die Flucht ergriff, als sie bei ihm einziehen wollte: „Überall lagen noch Barbaras Sachen. Damit hatte ich nicht gerechnet." Patrice kam zu dem Fazit, dass es wohl doch nicht die große Liebe gewesen sei, sondern nur Verliebtheit.

Deswegen aber den Kopf in den Sand stecken? Nicht Patrice. Die studierte Biologin und Philosophin blieb auch nach der Trennung von Boris der High Society treu und nutzte erst einmal ihren Bekanntheitsgrad. Sie engagierte eine Presseberaterin, die für sie die Werbetrommel rührte, und ließ sich zum Beispiel auf einer Vernissage des Modezaren Karl Lagerfeld blicken und speiste mit Moderator Michel Friedmann bei einem Charity-Dinner in Monaco.

Die Erkenntnis: Mitunter ist es sehr lohnenswert, mit der Presse ein wenig übers Eingemachte zu plaudern. Nicht nur, dass es dafür in der Regel zusätzlich Geld gibt – es kann auch dazu dienen, einen persönlichen Promistatus überhaupt erst zu erreichen oder aber den eigenen Bekanntheitsgrad zu steigern. Und Patrice war nicht die erste Ex-Geliebte von Boris, die sich genau dieser Möglichkeiten bediente.

Angela Ermakowa

Gleiches tat schon Angela Ermakowa, Model und ein ganz besonders heißer Feger. In der Besenkammer eines Londoner Hotels kam es zwischen ihr und Boris zu einem ausgesprochen verkürzten Schäferstündchen mit Folgen. Von „Samenraub" war die Rede, das Ergebnis konnte neun Monate später in der britischen Presse bewundert werden: die kleine Anna, rotblond und optisch ganz der Vater. Trotzdem musste auch Angela erst einen Vaterschaftstest abwarten, um endlich die Alimentezusage von Boris zu bekommen. Wie hoch die Unterhaltszahlungen sind? Darüber spekuliert die Presse und vermutet eine Summe zwischen 3.800 und 5.000 Euro im Monat. Aber mit dem Zücken der Geldbörse ist die Sache für Angela nicht erledigt. Sie will kein Schweigegeld. Gerne lässt sie sich gemeinsam mit dem Töchterchen in Magazinen ablichten.

Barbara Becker

Acht Jahre war Barbara Becker mit dem dreifachen Wimbledonsieger verheiratet. Sie galten als Traumpaar. Dann erfolgte im Dezember 2000 überraschend die Bekanntgabe ihrer Trennung. Natürlich hätten die Verhandlungen um Unterhaltszahlungen und das Sorgerecht für die zwei Söhne auch in Deutschland über die Bühne gehen können, aber Barbara wusste dies zu verhindern: Da sie mit der Gunst der amerikanischen Gerichte rechnen konnte, reichte Barbara Becker die Klage kurzerhand in Miami ein. Clever! Denn im einst unterzeichneten Ehevertrag war eigentlich vereinbart, dass sie im Fall einer Scheidung um die zweieinhalb Millionen Euro erhalten solle. Bei einem Verfahren in den USA aber hätte das Gericht Barbara trotz eines Ehevertrags womöglich weitaus höhere Unterhaltssummen zugesprochen.

So musste Boris mehrere Stunden lang über seine finanziellen Angelegenheiten, die Sicherheit der Familie und das Sorgerecht für die beiden Kinder Rede und Antwort stehen. Zudem lehnten die Richter einen Ausschluss der Öffentlichkeit ab, so dass die Anhörung teils auch in Deutschland direkt am Fernseher verfolgt werden konnte. Letztlich einigten sich die Anwälte der beiden Beckers aber außergerichtlich – auch was das Finanzielle betrifft. Laut Berichten der *Bild* erhielt Barbara Becker eine Summe um die 15 Millionen Euro.

Harlene Rosen

Gewusst wie und so ans Ziel gekommen, das gilt auch für Harlene Rosen, die erste Ehefrau von Schauspieler und Star-Regisseur Woody Allen. Sie ließ sich 1962 von dem Amerikaner scheiden. Und weil dieser in seinen Aufführungen als Alleinunterhalter über sie häufig Witze machte, strengte sie einen Prozess wegen Rufmords gegen ihn an und verlangte eine Million Dollar Schadensersatz. Das Geld bekam sie.

Mia Farrow

Knapp zwanzig Jahre später wurde US-Schauspielerin Mia Farrow die Partnerin von Woody Allen. Gut zehn Jahre waren die zwei ein Paar. Bis zu dem Tag, als Farrow in seinen Unterlagen Nacktaufnahmen der gemeinsam Adoptivtochter Soon-Yi fand. Rasend vor Wut beschuldigte Mia Farrow den Regisseur öffentlich des sexuellen Missbrauchs von Minderjährigen. Ein Ermittlungsverfahren gegen Allen wurde eingestellt, doch den Streit um das Sorgerecht von Sohn Satchel gewann Mia Farrow.

Gennifer Flowers, Paula Jones und Monica Lewinsky

Bevor der Eindruck entsteht, Intrigen und Rache gäbe es nur im glamourösen Showgeschäft, wollen wir noch einen Abstecher in die Politik machen. Dort, wo eigentlich Recht und Ordnung herrschen und ganz im Sinne des Volks gehandelt werden sollte. Wie das aber der eine oder andere Politiker auslegt, ist schon sehr speziell. Besonders pikant und als Geschichte mit Fortsetzung gestalteten sich die Affären um den ehemaligen US-Präsidenten Bill Clinton. Dieser glaubte angesichts seines politischen Status scheinbar an Narrenfreiheit, machte aber die Rechnung ohne Monica, Paula und Gennifer. Doch alles der Reihe nach:

Zunächst gab es da Gennifer Flowers. Eine blonde Nachtclubtänzerin, mit der Clinton angeblich über zwölf Jahre eine Affäre hatte. Von derartigen Dingen wollte der Präsident aber nichts wissen. Er leugnete die Liaison. Doch Flowers legte eindeutige Gesprächsmitschnitte vor. So räumte Clinton halbherzig eine Affäre ein, bestritt aber weiterhin, dass die Frau jahrelang seine Geliebte gewesen sei. Gennifer Flowers ließ das ganze Hin und Her ziemlich kalt, sie zog weiter die Register der Rache. In ihrem Buch „Im Bett mit dem Präsidenten. Meine intimen Jahre mit Bill Clinton" (München 1999) plauderte sie frech aus dem Nähkästchen.

Zweite im Bunde war Paula Jones. Deren Berater erzählten 1994 dem Journalisten Michael Isikoff von der *Washington Post* folgende Story: Bill Clinton habe als Gouverneur von Arkansas die damalige Staatsangestellte Jones zum Oralverkehr aufgefordert.

Mit einer Veröffentlichung dieser Umstände wollten die Berater Druck auf Clinton ausüben. Als die Redaktion der *Washington Post* jedoch vor der Publikation zurückschreckte, reichten sie Klage ein. Mit Erfolg. Schlussendlich erreichte die Paula-Jones-Story doch noch die Zeitungskioske. Der Präsident und Paula Jones trafen eine außergerichtliche Vereinbarung, bei der sie 850.000 Dollar von Clinton kassierte.

Und dann Monica Lewinsky: die dunkelhaarige, damals 21-jährige Arzttochter, die ein Praktikum im Weißen Haus absolvierte, dabei Präsident William „Bill" Jefferson Clinton kennen lernte, mit ihm anbandelte und ihn bei einer Veranstaltung am 6. November 1996 sogar in der Öffentlichkeit umarmte.

Als dem US-Boss dann aber wohl die Affäre mit der jungen Kalifornierin zu viel wurde, distanzierte er sich. Nicht gerade ein durchdachter Schachzug des Mannes. Denn Lewinsky fühlte sich abgeschoben und war frustriert. In ihrem Kummer vertraute sie sich am Telefon ihrer vermeintlichen Freundin Linda Tripp an. Die schnitt heimlich alles auf Tonbändern mit und gab diese einem Sonderermittler namens Kenneth Starr.

Damit war der Präsident schwer in der Bredouille. Zunächst versuchte er es mit der alten Flowers-Masche, wies öffentlich alle Vorwürfe zurück. Dann aber – um die ganze Geschichte abzukürzen – gab er per Fernsehübertragung vor der Grand Jury eine „unangemessene Beziehung" zu Monica Lewinsky zu. Zwar blieb das eingeleitete Amtsenthebungsverfahren erfolglos, doch getreu dem Motto „Wer den Schaden hat, braucht für den Spott nicht zu sorgen", erzählte man sich zu dieser Zeit besonders gerne Witze über Zigarren und Praktikantinnen.

Christine Deviers-Joncour

Fast ähnlich wie Clinton erging es übrigens dem ehemaligen französischen Außenminister Roland Dumas. Der war zwar verheiratet, hatte aber auch sechs Jahre lang eine Geliebte – Christine Deviers-Joncour. Mit ihr schmückte sich der Politiker gerne auf Auslandsreisen und bei Tennisturnieren oder turtelte ganz ungeniert mit ihr in der Oper – scheiden ließ er sich aber nie. Anfangs war das Deviers-Joncour egal. Denn da gab es ja noch ihren Arbeitgeber, das einst staatliche Erdölunternehmen Elf-Aquitane. Daher umgarnte das Ex-Model weiter den Politiker, der sich umgekehrt auf Landesebene für die Interessen des Ölkonzerns stark machte. Lohn für Deviers-Joncours Mühen: rund neun Millionen Euro. Aber auch Dumas soll für seine Dienste reich entlohnt worden sein. Beispielsweise bei einem von Elf-Aquitane eingefädelten und von Dumas befürworteten Fregattenverkauf an Taiwan. Dieser Deal war alles andere als legal, und so hatten plötzlich beide, Deviers-Joncour und Dumas, ein Ermittlungsverfahren am Hals. Dumas konnte nichts nachgewiesen werden, und so blieb er Präsident des Verfassungsrats. Seine Geliebte aber, die eine mögliche Mitwisserschaft Dumas leugnete, wanderte für mehrere Monate in Untersuchungshaft.

Da saß sie nun – allein und verlassen, und das auch noch nach der Gefängnisstrafe. Denn nicht nur, dass Dumas sich von seiner einstigen Mätresse distanzierte, auch ihr Arbeitgeber wollte nichts mehr von ihr wissen. In Christine Deviers-Joncour wurden Hass und Rachgefühle immer stärker. Sie beschloss daraufhin, es Dumas und den anderen Beteiligten heimzuzahlen, setzte sich an ihren Schreibtisch und verfasste kurzerhand ihre Autobiografie mit dem Titel „La putain de la République“ (Deutsch: Die Hure der Republik). Als das Buch 1999 auf den Markt kam, wurde es in Frankreich zum Bestseller. Alle wollten wissen, was sich damals wirklich abgespielt hatte. Und da Christine Deviers-Joncour kein Blatt vor den Mund genommen hatte, kam es zur Wiederaufnahme des Verfahrens gegen ihre einstigen Gönner.

In einem Pariser Gericht, zwei Jahre später: Dumas beteuerte weiter seine Unschuld. Aber nicht noch einmal ließen ihn die Richter davonkommen. Sie verurteilten Dumas zu sechs Monaten Haft und zwei Jahre auf Bewährung. Und auch der Ex-Manager von Elf-Aquitane, Alfred Sirven, sowie der ehemalige Konzernchef Loik Le Floch-Prigent kamen ins Gefängnis. Sirven wurde auf vier Jahren Gefängnis und eine Geldstrafe von 300.000 Euro, Le Floch-Prigent auf dreieinhalb Jahre Gefängnis und zwei Millionen Euro Geldstrafe verurteilt. Genugtuung für Christine

Deviers-Joncour, auch wenn sie selbst zu einer dreijährigen Haftstrafe, davon 18 Monate auf Bewährung, verdonnert wurde.

Christina Sintzel

Die Bekanntschaft mit schwedischen Gardinen (übrigens schwedisch, weil der Stahl aus diesem Land als besonders haltbar gilt und Stahlgitter die „Gardinen" der Gangster sind) machte auch die Schweizer Politikerin Christina Sintzel von der Christlich Demokratischen Volkspartei. Sie täuschte aus Rache ihrem algerischen Geliebten eine Abtreibung vor und verlangte umgerechnet 3.400 Euro von ihm. Doch der Schwindel flog auf. Vor Gericht sagte Sintzel, dass sie enttäuscht von ihrem Liebhaber sei, da er sie sitzen gelassen hätte. Das Gericht verurteilte die Politikerin zu 30 Tagen Gefängnis wegen Betrugs und Urkundenfälschung.

So ist Sintzel nicht gerade ein Vorbild in ihrem Tun, was wohl darauf zurückzuführen ist, dass die Gute einfach nicht an die goldenen Regeln der Rache gedacht hat. Ergo: Lieber alles genau Durchdenken und um illegale Dinge gleich einen großen Bogen machen. Wie Edith Klestil, 59, einst Österreichs First Lady. Die ließ es sich 1993 nicht nehmen, alle Register der Rache zu ziehen. Schließlich hatte sie doch ihr Ehemann, Bundespräsident Thomas Klestil, wegen der Diplomatin Margot Löffler, 44, verlassen. Doch Edith wollte ihren Mann nicht so einfach davonkommen lassen. Fünf Jahre wehrte sich die Betrogene einfach gegen eine Scheidung und machte den Ex mit ihren Unterhaltsansprüchen zum nahezu schlechtestverdienenden Politiker des Landes.

Apropos Land: Wie sieht es eigentlich bei den deutschen Parteivertretern aus? Antwort: Nicht anders. Interessiert verfolgte die Presse den Rosenkrieg zwischen

Bundeskanzler Gerhard Schröder und seiner damaligen Ehefrau Hiltrud im Jahr 1997. 13 Jahre waren die beiden verheiratet, dann tauchte die Journalistin Doris Köpf auf, wurde Schröders neue Freundin und für Gerhard und Hiltrud folgte die Scheidung. Die Verlassene gab in Interviews zu, Rachegefühle verspürt zu haben.

Die Geschichten um Hillu, Uschi, Christine und Barbara sind Ihnen noch viel zu harmlos? Sicher, es geht auch anders …

Am 3. Februar 1977 erschoss Ingrid van Bergen in einer Starnberger Villa ihren um zwölf Jahre jüngeren Geliebten Klaus Knaths. Der wollte zu seiner Frau zurückkehren. Mit drei Schüssen löschte die Schauspielerin ein Leben aus und zerstörte auch einen Teil ihres eigenen Lebens. Denn das Gericht verurteilte sie zu sieben Jahre Freiheitsentzug wegen Totschlags. Nachdem van Bergen zwei Drittel der Strafe verbüßt hatte, wurde sie im Oktober 1981 freigelassen. Danach musste die in Danzig geborene Schauspielerin ganz von vorn anfangen. Rollenangebote waren zunächst rar, doch sie schaffte es, sich durchzusetzen.

Ingrid van Bergen lebt heute überwiegend auf Mallorca. Sie ist aktive Tierschützerin und Gründungsmitglied des „Deutsch-Mallorquinischen Vereins für Tierschutzprojekte". Auch im Fernsehgeschäft ist sie wieder gut dabei, spielte unter anderem im „Tatort" und der ARD-Serie „Mobbing Girls".

Frauen, die durch ihre Rache berühmt wurden

Last but not least gibt es die Frauen, die erst durch ihre Rachefeldzüge mehr oder weniger prominent wurden.

Lorena Bobbitt

Eine von ihnen ist Lorena Bobbitt. Jahrelang duldete die Amerikanerin die Demütigungen durch ihren Mann John W. Bobbitt. Sie ließ seine Vergewaltigungen über sich ergehen und steckte stillschweigend immer wieder Schläge ein. Bis zum frühen Morgen des 23. Juni 1993. Als ihr Mann betrunken nach Hause kam und sie wieder vergewaltigte – er behauptete vor Gericht, viel zu müde für Sex gewesen zu sein –, ging sie in die Küche, nahm ein Filetiermesser und schnitt ihrem schlafenden Mann den Penis ab. Dann stürmte die Frau aus der Wohnung und fuhr, mit dem Genital in der linken Hand, durch die Straßen. Irgendwann warf sie den Penis einfach aus dem Fenster. Das gute Stück des schlechten Mannes wurde später eingesammelt und in einer neuneinhalbstündigen Operation wieder angenäht. Lorena Bobbitt wurde 1994 wegen vorübergehender Unzurechnungsfähigkeit freigesprochen.

Sie wurde zwar nicht von ihrem Mann betrogen, trotzdem soll sie an dieser Stelle erwähnt werden. Mit ihrem Handeln machte sie weltweit mobil und stand als Vorbild dafür, dass Frauen sich nicht alles bieten lassen sollten.

In Thailand kommt eine solche Rachetat gar nicht so selten vor. Bereits zwischen 1973 und 1980 häuften sich Meldungen über abgeschnittene Penisse. Über 100 Fälle wurden bekannt, in denen Ehefrauen ihren untreuen Männern das Genital mit dem Küchenmesser abtrennten und es aus dem Fenster in den Hof warfen. Daher gibt es unter thailändischen Männern ein weit verbreitetes Sprichwort, das da lautet:

„Ich gehe besser nach Hause, sonst bekommen die Enten noch etwas zu essen!"

Antonia Verge

Im spanischen Castellon ließ Antonia Verge Gnade walten und beschränkte sich auf einen – wenigstens körperlich – weniger schmerzhaften Vergeltungsschlag. Betrogen und verlassen, machte es sich die Mutter von zwei Kindern zur Aufgabe, wenigstens den Ruf ihres Mannes zu ruinieren. „Das verzeihe ich ihm nie!", dachte sich die 50-Jährige und verpasste ihrem weißen Lieferwagen, mit dem sie Gemüse vom Großmarkt zu den Händlern fuhr, eine neue Aufschrift. Seither kann jeder im Ort lesen: „Pepe, du bist ein gemeiner Schuft. Du betrügst mich mit Eva Gomez, dieser Schlampe."

Roberta Masolo

Andere Länder, andere Sitten. Auch im erzkatholischen Italien, wo Ehe und die Ehefrau ganz besondere Bedeutung haben. Hier rächte sich Roberta Masolo aus Castellone bei Cremona auf ganz spezielle Art und Weise. Weil ihr Mann sie regelmäßig betrog, spielte die 35-Jährige in einem Porno mit. Der entsetzte Gatte versuchte noch, den Vertrieb des Films zu verhindern, jedoch ohne Erfolg. Der heiße Erotikstreifen für 35 Euro wurde im Städtchen ein Renner.

Gut, darüber lässt sich schmunzeln. Doch es gibt Geschichten, die ganz und gar nicht lustig sind. Wie die von einer Ägypterin, die sich an ihrem untreuen Mann rächen wollte und daher ihren zwei Töchtern die Kehle durchschnitt.

Zu trauriger Berühmtheit gelangte auch Marilyn L. aus Wheaton im amerikanischen Bundesstaat Illinois. Aus Rache an ihrem Ehemann, der sie wegen einer anderen Frau verlassen hatte, mischte die 44-Jährige Betäubungsmittel in die Erdnussbutter, die ihre drei Kinder (3, 6 und 7 Jahre alt) gerne aßen. Als diese davon gegessen hatten und die Wirkung des Mittels einsetzte, erstickte sie die schlafenden Kinder. Das Gericht lehnte den Antrag auf Freispruch wegen Unzurechnungsfähigkeit ab und verurteilte die Frau zu einer lebenslangen Haftstrafe.

Fazit: Rache in Ehren, doch manches geht einfach zu weit und muss als Mahnmal gesehen werden. Die Grenzen des Gesetzes dürfen im Kopf überschritten werden, nicht aber in der Realität. Denn das kann üble Folgen haben. Soweit müssen Sie es nicht kommen lassen, schließlich sind Sie informiert, wenn Sie das folgende Kapitel „Alles, was Recht ist" gelesen haben.

Alles, was

Recht ist

Augen auskratzen, die Hunde auf ihn hetzen, seinen Porsche zu Schrott fahren – Stopp! Cool down! Zügeln Sie Ihren Tatendrang getreu dem Motto „Erst Denken, dann Handeln".

„Denn Gerechtigkeit in Ehren, es gibt da klare Grenzen", sagt Rechtsanwalt Wolfgang Schwackenberg, 54. Der Oldenburger ist seit 25 Jahren in Amt und Würden und hat schon so einige Rachefeldzüge sowohl von Männlein wie auch von Weiblein erlebt. „Und eben gerade nach Trennungen sind viele Betroffene nicht mehr Herr ihrer Sinne und reagieren unkontrolliert", so der Rechtsfachmann. Auch wenn es sich in den meisten Fällen um Ersttäter beziehungsweise Ersttäterinnen handele und vor Gericht der emotionale Umstand angerechnet werde, muss ein Strafmaß festgesetzt werden. Und da droht bei extremen Rachegelüsten, die in Form von Körperverletzung, Waffeneinsatz, Freiheitsberaubung und Nötigung umgesetzt werden, eine Gefängnisstrafe. Auch bei der auf den ersten Blick scheinbar harmlosen Urkundenfälschung.

„Juristisch heikel wird es grundsätzlich, wenn die körperliche Integrität verletzt, der persönliche Freiheitsbereich eingeschränkt und das Recht auf Intimsphäre angegriffen wird", erklärt Schwackenberg. Was im Amtsdeutsch zuweilen recht dröge daherkommt und im ersten Moment meist auch unverständlich klingen mag, ist kostbares Wissensgut.

Stellen Sie sich einmal vor, Sie landen im Gefängnis. Nur weil Sie sich an Ihrem Ex gerächt haben. Das ist der Typ nicht wert.

Also lieber vorher lesen, als nachher den Gesetzeshütern vorstellig werden zu müssen und womöglich auf der Anklagebank zu sitzen.

Klamotten für die Kleiderkammer

Die Situation: Boss-Anzüge, Armani-Hemden, Versace-Schuhe – eigentlich ist es Ihnen egal, ob es sich nun um Edelfummel oder Discountklamotten handelt. Da machen Sie keinen Unterschied, sondern schmeißen einfach all seine Kleidungsstücke in einen großen Sack und erfreuen damit den nächstgelegenen karitativen Verein. Selbstverständlich lassen Sie sich eine nette Spendenquittung für die Steuer ausstellen und befriedigen mit Ihrem Tun auch noch das Streben der Pfadfinder: „Jeden Tag eine gute Tat." Zugegeben, das klingt alles ziemlich löblich. Gibt es da etwa einen Haken?

Die Rechtslage: Eine solche Aktion kommt nicht allerorts gut an. „Der Geschädigte kann auf Schadensersatz klagen", warnt Fachmann Schwackenberg.

Die Strafe: Ein solches Verhalten kann Sie unmittelbar vor den Strafrichter bringen. Dieser kann Ihr Handeln als Diebstahl oder Unterschlagung bewerten, welches mit einer Geldstrafe, im Wiederholungsfall gar mit einer Freiheitsstrafe geahndet werden kann.

Gerd, Thomas, Peter? Alles eine Namensfrage ...

Die Situation: Direkt aus dem Leben gegriffen: Die Amerikanerin Caren S. ging in den frühen Morgenstunden zur meistbefahrenen Straße in ihrem Ort und ließ von der Brücke ein Plakat herab, auf dem die Aufschrift „Fuck you, George!" zu lesen war. Er hatte sie betrogen, und jeder sollte es wissen. Wählen Sie diese Art der Rache und schreiben hinter den Vornamen Ihres Verflossenen jedoch noch den Nachnamen, könnte das mehr Aufsehen verursachen, als Sie beabsichtigt haben.

Die Rechtslage: Thomas gibt es wie Sand am Meer. Ebenso Männer mit Namen wie Klaus, Uwe, Andreas, Ralf und so weiter. In einem solchen Fall handelt es sich um eine Massenbezeichnung. Die Person ist demnach nicht zwingend auszumachen. Wird sie aber eindeutig identifizierbar, zum Beispiel weil der komplette Name und/oder die Adresse genannt wird, ist dies aus juristischer Sicht eine Beleidigung und ein Eingriff in das Persönlichkeitsrecht.

Die Strafe: Bekommt Ihr Ex Wind von der Sache, kann er Strafanzeige erstatten und Strafantrag stellen. Ihnen droht dann eine Geldstrafe.

Kein Anschluss unter dieser Nummer

Die Situation: Es ist Mitternacht oder sogar noch später. Sie können nicht schlafen, wälzen sich hin und her. Licht an, Licht aus und immer noch sind Sie hellwach. Klar, Sie denken an Ihren Ex. Sie wollen ihm noch mal richtig die Meinung sagen, ihn beschimpfen und verfluchen. Lassen Sie es! Schieben Sie lieber eine Videokassette in den Rekorder oder überfallen Sie notgedrungen den Kühlschrank. Sie wollen aber unbedingt telefonieren? Gut, dann rufen Sie bei Ihrer besten Freundin an. Nicht aber um diese Zeit beim Ex. Das sollten Sie auf den nächsten Tag verschieben, denn sonst kann es teuer werden.

Die Rechtslage: „Seit dem 1. Januar 2002 haben wir das Gewaltschutzgesetz", erklärt Anwalt Wolfgang Schwackenberg. „Demnach kann vermehrtes Anrufen, gerade nachts und in den frühen Morgenstunden, als Belästigung gewertet werden." Vor allem, wenn für den Anruf kein triftiger Grund auszumachen ist. Sie fragen sich, was „vermehrtes Anrufen" heißt? Das ist Auslegungssache, möglicherweise reichen aber schon viermal Durchklingeln in der Woche aus. Fühlt sich Ihr Verflossener dadurch belästigt, kann er beim Familiengericht beantragen, dass Maßnahmen ergriffen werden. Dies kann bis zu einer Kontaktsperre gehen. Parallel hierzu ist es möglich, beim Zivilgericht einen Antrag auf Erlass einer einstweiligen Verfügung zu stellen beziehungsweise eine Unterlassungsklage zu erheben. Damit nicht genug: Telefonterror kann sogar als Körperverletzung angesehen werden. Dann nämlich, wenn der Betroffene durch das ständige Anrufen psychisch beeinträchtigt wird. Und in solch einem Fall kann sich die Staatsanwaltschaft einschalten.

Die Strafe: Falls Sie einfach nicht die Finger vom Hörer lassen können, droht Ihnen nicht nur eine saftige Telefonrechnung, sondern auch noch eine Geldstrafe. Die Höhe wird in Tagessätzen festgesetzt und kann durchaus ein Monatsgehalt ausmachen.

Wenn der Postmann dreimal klingelt

Die Situation: Badelatschen, Rasierwasser, Schnellkochtöpfe, Zangen und, weil es so viel Spaß macht, gibt es vom Online-Erotikshop noch einen Karton Potenzmittelchen dazu. Sie sorgen schon dafür, dass der Briefkasten Ihres Verflossenen nicht verhungert. Munter rufen Sie die Hotline diverser Homeshopping-Kanäle an und bestellen auf seinen Namen Waren und Prospekte. Das tut gut! Allein schon sich sein Gesicht vorzustellen, wie er das Sonderangebot von 100 Putzkitteln auspackt. Ja, und am besten sollte es auch hier bei der Vorstellung bleiben.

Die Rechtslage: Der Vorwurf lautet „Namensmissbrauch". Dazu der Anwalt: „Werden im Namen eines anderen und ohne dessen Einverständnis Waren wie beispielsweise Töpfe, Videokassetten und so weiter bestellt, kann sowohl ein Betrug als auch eine Urkundenfälschung vorliegen."

Die Strafe: Sowohl bei Urkundenfälschung als auch bei Betrug droht in schweren Fällen eine Freiheitsstrafe. Geht es um minder schwere Fälle, muss man sich auf eine Geldstrafe gefasst machen. Übrigens: Auch wenn Sie seine E-Mail-Adresse in Umlauf bringen und damit quasi dafür verantwortlich sind, dass er fortan Abonnent von schmutzigen Nachrichten ist, müssen Sie ebenfalls dafür büßen.

Die etwas andere Art von Körperkontakt

Die Situation: Ups, na so etwas! Da ist Ihnen die Hand ausgerutscht und einfach in seinem Gesicht gelandet. Und das mit einer ganz schönen Wucht. Begründen Sie das insgeheim grinsend mit plötzlich unkontrollierten Körperfunktionen, finden die Herrschaften mit den schwarzen Roben das gar nicht witzig und schlagen womöglich zurück.

Die Rechtslage: Der Geschädigte hat einen Anspruch auf Schadensersatz, insbesondere auf Schmerzensgeld. Dieses muss generell dann bezahlt werden, wenn der Körper angegriffen wird und das Opfer körperlichen Schaden erleidet.

Die Strafe: Der Strafrichter wertet dieses Verhalten als Körperverletzung. Wenn Sie und Ihr Ex mit einem blauen Auge davonkommen, kann es bei einer Geldstrafe bleiben. Wird aber Vorsatz nachgewiesen und der Zustand des Opfers mit „krankenhausreif" bewertet, müssen Sie sogar mit einer Freiheitsstrafe rechnen.

Thema „Tratschen" und die Sache mit den Briefen

Die Situation: Beim Sex quiekt er wie ein Schwein, trägt am liebsten Latex und seine Briefe ähneln denen eines Erstklässlers – voller Rechtschreibfehler. Sie geben nun Details über seine Angewohnheiten sowie Schwächen lautstark im Supermarkt bekannt und schicken seine schriftlichen Liebesausschweifungen kurzerhand an seinen Chef. Soll doch jeder wissen, dass Ihr Ex nur beim Job im Anzug rumläuft, privat jedoch die Lackkluft bevorzugt.

Die Rechtslage: Ob im Tante-Emma-Laden, auf der Parkbank oder in der Sauna – sobald Sie sich auf öffentlichem Terrain befinden und hier Ihren Ex diffamieren, kann dieser Sie auf Verleumdung und Beleidigung verklagen. Bringen Sie Liebesbriefe oder andere Schriften von ihm in Umlauf, müssen Sie sich den Vorwurf der Verletzung seiner Intimsphäre gefallen lassen.

Die Strafe: Läuft Ihr Verflossener zum Anwalt und erzählt diesem von Ihren Taten, so müssen Sie ihm den entstandenen Schaden ersetzen. Stellt Ihr Ex Strafanzeige, setzt es darüber hinaus eine Geldstrafe. Die Höhe ist abhängig von dem Ausmaß des Schadens, den Ihr Ex davonträgt, sowie von der Höhe Ihres Einkommens. Im Durchschnitt müssen Sie mit einem Monatsgehalt rechnen.

Sein Auto, seine Wohnung, seine Vase!

Die Situation: Wutschnaubend stehen Sie vor der Wohnung Ihres Ex. Was ein Pech aber auch, er ist nicht da. Doch die Nachbarin schließt Ihnen die Tür auf. Oder aber Sie haben selbst noch einen Schlüssel. Wie auch immer, sind Sie in seiner Wohnung und randalieren dort herum. Verständlich, aber gar nicht gut. Gleiches gilt, wenn Sie sich an seinem Statussymbol Auto vergreifen. Da womöglich den Lack zerkratzen, Gemeinheiten draufsprayen oder eine Ladung Pferdemist reinschaufeln. Dann hat nicht Ihr Ex, sondern ganz schnell Sie den Dreck am Stecken.

Die Rechtslage: In seine Wohnung zu stiefeln, wen er nicht da ist, wird eindeutig als „Hausfriedensbruch" angesehen. Ebenso wird sich kaum ein Rechtsvertreter auf eine Diskussion über das Beschmieren seines Autos oder das Zerschmettern der chinesischen Vase einlassen. Hier handelt es sich, im Amtsdeutsch gesprochen, um eine „vorsätzliche Sachbeschädigung".

Die Strafe: Zücken Sie schon einmal Ihr Portemonnaie. Denn neben der Bezahlung der kaputten Vase wird es zusätzlich noch eine Geldstrafe geben. Für den Hausfriedensbruch und die Sachbeschädigung ist durchschnittlich ein Monatseinkommen zu berappen.

Das gute Chappi, für einen ganzen Kerl

Die Situation: Es grenzt schon ein wenig an Sadismus, aber die reine Vorstellung soll Ihnen vergeben werden. Nicht aber, dass Sie Ihrem Ex vortäuschen, noch einmal nett für ihn kochen zu wollen, und ihm dann Hundefutter oder anderen ungenießbaren Fraß unter die angebliche Leckerei mischen. Hängt der Gute nämlich nach Ihrem Tête-à-Tête erst einmal statt im Büro nur über der Kloschüssel und kann nicht zur Arbeit, müssen Sie um Gnade bitten. Denken Sie vielleicht noch „recht so", treffen Sie damit sicher auch nicht den Geschmack eines Advokaten.

Die Rechtslage: Auch wenn es im ersten Moment nicht danach ausschaut: Es handelt sich hier um eine Körperverletzung.

Die Strafe: Die Zahlung von Schmerzensgeld ist nicht alles. Sie müssen Ihrem Ehemaligen auch seinen Vermögensschaden ersetzen. Ist er beruflich beispielsweise sein eigener Herr, kann er Ihnen gegenüber auch seinen möglichen Verdienstausfall geltend machen. Darüber hinaus haben Sie sich strafbar gemacht und müssen damit rechnen, vom Staat mit einer Geldstrafe belegt zu werden. Diese kann Sie ein weiteres Monatsgehalt kosten.

Von wegen „schöner wohnen"

Die Situation: Ob in Handschellen an den Stuhl gefesselt, im Bad eingeschlossen oder bei Brot und Wasser für einige Tage in den Keller verbannt – träumen Sie weiter von derartigen Übergriffen an Ihren Ex, doch lassen Sie es bitte nicht Wirklichkeit werden.

Die Rechtslage: Hier hört der Spaß auf, denn es geht in solchen Fällen ganz klar um Freiheitsberaubung.

Die Strafe: Über Freiheitsberaubung können die Rechtsprechenden gar nicht lachen. Bei solchen Vorwürfen müssen Sie mindestens mit einer Geldstrafe, wenn nicht sogar mit einer Freiheitsstrafe rechnen. Und diese kann im Extremfall bis zu fünf Jahre betragen.

Wo finde ich im Fall der Fälle Hilfe?

Rache ist süß? Mitnichten in diesen Fällen, eher wird es da die eine oder andere bittere Erkenntnis geben. In Lara-Croft-Manier müssen Sie sich dann durch den Paragrafendschungel schlagen und mit der Juristerei auseinander setzen.

Gerade in Extremfällen, wenn es beispielsweise um das Sorgerecht für Kinder, Unterhaltszahlungen, Eheverträge und Gütertrennung geht, empfiehlt es sich, gleich einen Anwalt einzuschalten. Auskunft über einen geeigneten Anwalt in Ihrer Nähe gibt Ihnen zum Beispiel der Deutsche Anwaltverein mit Sitz in Berlin (www.anwaltverein.de). Die Organisation hat eine Arbeitsgemeinschaft „Familien- und Erbrecht" ins Leben gerufen und vermittelt auf bundesweiter Ebene kompetenten Rechtsbeistand. Eine Erstberatung ist bei den meisten Anwälten kostengünstig.

Haben Sie aber Bedenken wegen unter Umständen hoher Anwaltskosten oder wenn Sie zurzeit nicht gut bei Kasse sind, empfiehlt es sich, die „Beratungshilfe" in Anspruch zu nehmen. Diese beantragen Sie beim Amtsgericht. Für einen Eigenanteil von zehn Euro erhalten Sie dann nicht nur eine umfassende Beratung, sondern werden auch außergerichtlich rechtlich vertreten. Kommt es zu einem gerichtlichen Verfahren gegen Ihren Ex, so haben Sie Anspruch auf Prozesskostenhilfe durch den Staat. Über all diese Möglichkeiten berät Sie Ihr Anwalt.

Ebenso helfen können kommunale Organisationen oder gemeinnützige Einrichtungen wie etwa der Deutsche Paritätische Wohlfahrtsverband oder die Arbeiterwohlfahrtverbände.

Anleitung für das ultimative Entwöhnungsprogramm

Na bitte!

Sie wissen, dass

a) Rache notwendig ist.

b) Sie als Frau im Vorteil sind.

c) es viele Möglichkeiten gibt, es Ihrem Ex heimzuzahlen.

d) es vor Ihnen schon prominente Vorbilder taten.

e) Sie Ihre Rachevorstellung von vergifteten Lebensmitteln nicht in die Tat umsetzen sollten.

Eigentlich müssen Sie jetzt nur noch wissen, dass irgendwann Schluss ist. Vergessen Sie Ihren Ex! Schlagen Sie sich den Typen aus dem Kopf! Und das getreu dem Satz „Erst die Arbeit, dann das Vergnügen!“ Rächen Sie sich also an Ihrem Verflossenen und kümmern Sie sich dann wieder um Ihr eigenes Leben.

Sicher ist das leichter gesagt als getan. Zumal Sie noch die Erinnerungen an Ihren Ex haben und Mitmenschen meinen, Ihnen mit Sprüchen wie „Auch andere Mütter haben schöne Söhne“ oder „Jetzt kannste wieder deinen Marktwert testen“ die Situation deutlichst vor Augen führen zu müssen.

Ja, Sie sind wieder Single! Bevor Sie aber nun in Torschlusspanik verfallen, sich selbst bemitleiden, ständig die Telefonseelsorge anrufen und Ihre Leidenschaft fürs Klöppeln entdecken – starten Sie durch!

Werden Sie zur Kammerjägerin

Befreien Sie Ihre Wohnung von all dem unliebsamen Zeug, das mit *ihm* in Verbindung zu bringen ist. Säubern Sie Ihre Zimmer und versehen Sie einige Andenken – genauso wie Ihren Ex – mit dem Stempel „Schrott".

Fotos

Klemmen Sie zwei Bildchen Ihres Ehemaligen an Ihre Pinnwand und durchlöchern Sie diese regelmäßig in Voodoo-Manier. Das bereitet Freude und zeigt vielleicht auch Wirkung bei ihm. Die anderen Fotos können Sie wegschmeißen oder Sie geben die Bildchen an einen Kindergarten. Die suchen immer Material, um daraus Collagen à la „Vor dem Menschen kam der Affe" oder „Hat Dummheit ein Gesicht?" zu basteln.

Und apropos Kinder: Falls Sie später Ihrem eigenen Nachwuchs zeigen wollen, wie Schweine in Menschengestalt aussehen würden, behalten Sie noch zwei, drei Fotos als Anschauungsmaterial.

Briefe, E-Mails, SMS

Jegliches Liebesgesülze, das er Ihnen in der Vergangenheit hat zukommen lassen, legen Sie mit dem Ende der Beziehung ad acta. Löschen Sie seine E-Mails und werfen Sie den Großteil des Geschriebenen einfach ins Altpapier. Nur die heißesten Briefe und Liebesbekundungen gehören in eine separate Kiste. Denn wer weiß, vielleicht ergibt sich daraus für Sie eine lukrative Verdienstmöglichkeit. Wenn sich Ihr Ex weiter so entwickelt und mit seiner Masche gar zum Heiratsschwindler mutiert, dann schlägt für Sie die Gunst der Stunde. Sagen Sie im Prozess aus, kramen Sie die Briefe hervor und machen Sie mit den Medienrechten für seine Story einen Haufen Geld.

Kleidungsstücke

Sollten Sie nicht gerade Praktikantin im Weißen Haus gewesen sein und mit Sperma befleckte Kleidung als Beweisstücke benötigen, gehören seine Unterhosen, Hemden und Krawatten in den Altkleidersammelsack. (Anmerkung: Ja, im Fall von Monica Lewinskys war es ihr eigenes blaues Kleid, was unsittlich beschmutzt war. Doch zu Ihren Kleidungsstücken kommen wir noch später.)

Stellen Sie zudem einen Notstand in puncto Putzlappen fest, ist es auch gut, denn gerade Baumwollklamotten lassen sich herrlich dazu umfunktionieren. Außerdem haben Sie die Chance, eine neue Freundin zu gewinnen: Beglücken Sie die Nachbarskatze mit dem edlen Kaschmirpulli Ihres Ex. Auf den war das Tierchen doch schon lange scharf.

Marken-Laptop, Nobel-Stift und anderes Zeug

Pech gehabt! Diese Habseligkeiten gehen in Ihren Besitz über. Wenn er auch so vergesslich ist, sie bei Ihnen liegen zu lassen …

Fordert Ihr Ex sein Hab und Gut zurück, mimen Sie natürlich die Ahnungslose. Das wird ihn noch mehr ärgern. Auch Dinge, für die Sie keinen Gebrauch finden, sollten nicht gleich in der Mülltonne landen. Verhökern Sie den Krempel lieber auf dem Flohmarkt und erfüllen Sie sich von dem Erlös einen Wunsch.

Erinnern Sie sich an die Macken und Marotten Ihres Ex!

Herzlichen Glückwunsch, der erste Schritt ist getan! Und da Sie gerade beim Aufräumen sind, können Sie gleich mit einer Gehirnwäsche weitermachen. Rufen Sie sich all seine Macken und Marotten ins Gedächtnis. Solche, die der normal denkende und damit nicht verliebte Mensch kaum tolerieren würde. Erinnern Sie sich daran, dass er:

- im Stehen pinkelte und das auch mal daneben,
- Haarausfall hatte,
- rülpste,
- diesen „Boah-ey"-Blick bekam, wenn er große Busen sah,
- Ihre Freundinnen doof fand,
- unsensibel war,
- sich in aller Öffentlichkeit an den Eiern kratzte,
- an Ihrer Figur rummeckerte,
- schnarchte,
- an seinen Socken schnupperte, wenn er sie auszog,
- in Ihrem Beisein anderen Frauen hinterherguckte,
- stets „Pssst" machte, wenn Fußball lief,
- Pickel auf dem Po hatte,
- laut furzte, ohne sich dafür zu entschuldigen,
- Sülze aß,
- den Schaltknüppel streichelte wie sein bestes Stück,
- Sie mit Bierfahne küsste,

- beim Anblick von 18-jährigen Mädchen Speichelfluss bekam,
- schuppte,
- ständig den Oberlehrer raushängen ließ,
- Nägel kaute,
- nach Schweiß muffelte und das noch männlich fand,
- beim Sex zu früh kam,
- SIE BETROGEN HAT!

Wie konnten Sie mit so einem Menschen überhaupt zusammen sein? Nein, verschwenden Sie keine Zeit damit, darüber zu grübeln. Es gibt nur eine Entschuldigung: Liebe macht bekanntlich blind.

Das Entwöhnungsprogramm für Kopf und Körper

Zum Glück weilen Sie aber wieder unter den Sehenden und so wartet auf Sie das ultimative Entwöhnungsprogramm. Ein kleiner Leitfaden für das allseits bekannte Duo Kopf und Körper und speziell für Ihre neue Lebenssituation entwickelt. Auf geht's!

Achtung Decke!

Vor lauter Single-Langeweile droht Ihnen nun die Decke auf den Kopf zu fallen?

Kopf: Es gab ein Leben vor Ihrem Ex und so wird es auch eines nach ihm geben. Lassen Sie es nicht zu, dass er zum Herrscher über Ihr Sein oder Nichtsein wird.

Also, welche Aktivitäten schwirrten Ihnen schon seit geraumer Zeit durch den Kopf, mussten allerdings bislang ihm und anderem den Vorzug lassen? Wollten Sie nicht schon immer Italienisch lernen? Und wie war das mit dem Akt-Malkurs? Hatten Sie nicht auch überlegt, bei einer Laufgruppe einzusteigen? Was ist mit dieser guten, alten Freundin, der Sie schon seit Wochen immer wieder versichern, dass Sie sie endlich bald besuchen?

Nehmen Sie die Verwirklichung solcher Interessen jetzt in Angriff. Denn so einiges bleibt während einer Beziehung auf der Strecke, nur weil der Partner darauf keine Lust hatte. Nun haben Sie die Chance: Besorgen Sie sich schleunigst ein Programm der nächstgelegenen VHS und kaufen Sie sich, wenn Sie schon einmal unterwegs sind, gleich die aktuellen Szene-Magazine Ihrer Stadt. Letztere sind neben Tageszeitungen die beste Informationsquelle für beispielsweise Kinoprogramme, Konzerte, Ausstellungen und Flohmärkte.

Machen Sie sich ruhig eine Liste, was Sie in den folgenden Tagen und Wochen unbedingt erleben und erledigen wollen. So ein kleines Zettelchen hilft häufig dabei, nicht vom rechten Wege abzukommen.

Sie meinen, dass sei doch alles nur eine Suche nach Ablenkung von Ihrem Ex? Jetzt aber Schluss! Hören Sie endlich auf, an ihn zu denken. Genießen Sie Ihre freie Zeit, ohne dass jemand auf Ihren Anruf wartet. Ohne dass jemand rumnörgelt, wenn Sie mal mit einem anderen Vertreter des männlichen Geschlechts plauschen. Ohne dass Sie jemand nervt, er wolle nicht ins Kino, sondern lieber Fernsehen schauen. Na, im Kopf angekommen? Gut!

Körper: Verbannen Sie zunächst den Fummel, den er am liebsten an Ihnen mochte, aus Ihrem Kleiderschrank – und dann gehen Sie shoppen. Am besten mit einer Freundin, die als ehrliche Modeberaterin fungieren kann. Probieren Sie Sachen an, die Sie sonst nie angezogen haben. Gehen Sie in Läden, um die Sie bislang einen großen Bogen machten. Warum? Einfach aus Spaß. Sollten Sie sich zahlungsbedingt gerade eine Kontaktsperre zu Ihrem Konto auferlegt haben, dann veranstalten Sie für Ihre Freundinnen ein Kaffeetrinken. Mitzubringen ist kein Kuchen, sondern einfach ein Schwung Klamotten, die untereinander getauscht oder verliehen werden. Auch das ist lustig und lässt keine Langeweile aufkommen.

Genauso übrigens wie aktives Sporttreiben: Waren Sie bislang gleicher Ansicht wie Sir Winston Churchill („Sport ist Mord!"), vergessen Sie auch diesen Mann. Nehmen Sie sich lieber ein Beispiel an Madonna, Joggerin aus Leidenschaft und Überzeugung, sowie an Aerobic-Queen Jane Fonda.

Achtung Frustessen und Frusthungern!

Frustfressen oder nur Frühstück mit Kaffee und Zigarette? Was können Sie tun, wenn Ihr Essverhalten aus dem Gleichgewicht gerät?

Kopf: Zwei Frauen: die eine ist dick, eigentlich eher fett, mehr als übergewichtig. Sie hat viel zu viel gegessen, weil sie von einem Mann verlassen wurde. Nun kommt sie kaum mehr die Treppen hoch und röchelt dabei, statt zu atmen. Die Hosen werden von Gummibändern gehalten, und weil es mit dem Schnürsenkel binden gar nicht mehr klappt, gibt es nur noch Schlappen. Die andere Frau ist dünn, eher mager. An ihr gibt es keine Spur von weiblichen Kurven, es sind nur noch Knochen zu sehen. Und das, weil sie von einem Mann verlassen wurde. Sie stakst über Bordsteine, kann sich eigentlich kaum noch auf den Beinen halten. Sie ist zu schwach. Zwei arme Gestalten und nur wegen den Männern. Zum Glück sind das aber alles nur Szenarien in Ihrem Kopf. In Wirklichkeit wollen Sie nicht so enden. Also denken Sie immer schön an die zwei Frauen und machen Sie es selbst besser.

Körper: Beim nächsten Einkauf kommen viele gesunde Sachen in Ihren Wagen – beispielsweise Bananen und Pfirsiche. Die sollten Sie immer parat haben. Bei Fressanfällen können Sie davon eine Menge verdrücken, ohne gleich die Folgen schwarz auf weiß von der Waage vorgeführt zu bekommen. Außerdem sind die Früchte voller Vitaminpower und mindern die Stressanfälligkeit. Ist Ihr Körper in einem gesunden Gleichgewicht, sind Sie weniger anfällig für unkontrolliertes Essverhalten. Kommt es aber doch zur Fressattacke und die Küche wird Ihr Wohnzimmer, sei noch erwähnt: Ebenfalls einigermaßen leckere, aber kalorienarme und sättigende Lebensmittel sind Reiswaffeln und Salzstangen. Auch wenn Sie diese stapelweise intus haben, laufen Sie nicht gleich Gefahr, schon bald auf Schwimmringe um die Hüften herabzublicken.

Streikt Ihr Magen jedoch und kommt so gar nicht auf den Geschmack von Essen, laden Sie sich des Öfteren ein paar Freundinnen ein. Bei einem Gläschen Prosecco, beim gemeinsamen Gemüseschnippeln und Kartoffelschälen, Brutzeln und Braten kommt der Hunger fast von allein.

Achtung Gefühlsachterbahn!

Hilfe! Einmal fühlen Sie sich müde, traurig und ausgelaugt, dann sind Sie wieder auf 180, fröhlich und total aufgedreht?

Kopf: Der Leerlaufknopf für den Kopf ist leider von Biologen und Forschern noch nicht entdeckt worden. So sind Stimmungsschwankungen zwischen Flennanfällen (hier hilft es nur, sich gleich eine Familienpackung Taschentücher zu kaufen) und hektischem Gekicher völlig normal. Ebenso wie wirre Gedankengänge. Also bitte nicht verzweifeln und womöglich gar die Männer in den weißen Kitteln anrufen. Auch gilt es, die Finger von Medikamenten zu lassen. Halten Sie sich lieber an das alte lateinische Sprichwort „Mens sana in corpore sano“, was so viel heißt wie „In einem gesunden Körper wohnt ein gesunder Geist“, und lesen Sie einfach weiter.

Körper: Es wird höchste Zeit für Entspannung! Gönnen Sie sich ein beruhigendes, ausgiebiges Wannenbad und lassen Sie dabei die Vergangenheit durch den Abfluss verschwinden. Relaxen Sie wie Kleopatra (einen Liter Milch und zwei Esslöffel

Honig anrühren, die Mischung ins Badewasser gießen) oder genießen Sie den Beruhigungseffekt von zwei Esslöffeln Mandelöl, einem Esslöffel Sojaöl, drei Tropfen Lavendelöl und drei Tropfen Muskatellersalbei, die sie ebenso ins wohltemperierte Wasser (etwa 35 Grad Celsius) geben können.

Falls Sie keine Wanne zur Verfügung haben, lassen Sie eine Gesichtsmaske wahre Wunder wirken. Mischen Sie zwei Esslöffel Honig mit zwei Esslöffeln püriertes Avocadofruchtfleisch und einem Esslöffel Mandelöl. Tragen Sie die Masse auf Gesicht und Dekolletée auf. Nach etwa 15 bis 20 Minuten mit lauwarmem Wasser abspülen.

Lässt es sich einrichten, gönnen Sie sich ein Wellness-Wochenende. Fahren Sie weg, lassen Sie alles hinter sich und sorgen Sie dafür, dass Sie richtig verwöhnt werden. Hat zufälligerweise eine Freundin Zeit und Lust, packen Sie die gleich mit ins Auto oder in den Zug. Unter www.schoenheitsreisen.de finden Sie zum Beispiel eine Übersicht an Beautyfarmen in Deutschland, Österreich, Italien und der Tschechischen Republik. Oder Sie klicken www.w-h-d.de an. Zugegebenermaßen eine komisch klingende Webadresse, sie steht für Wellness Hotels Deutschland und listet Adressen von ausgesuchten Wellnesshotels auf.

Achtung Fluchtgefahr!

Morgens halb zehn in Deutschland: Die Kollegen nerven, der Job ist langweilig – am liebsten würden Sie alles hinschmeißen!

Kopf: Karibik, Kuba, Hawaii – denken Sie an die wärmenden Sonnenstrahlen, wie Sie mit den Füßen im Sand spielen, wie Ihre Haut nach und nach mit einem samtigen

Braunton überzogen wird, wie Sie im Meer schwimmen und in der Ferne Flipper und seine Freunde sehen. Ah ... schön, oder?

Okay, die Fakten: Wie kommen Sie nach Hawaii und anderswo? Richtig, mit dem Flieger! Und, was brauchen Sie, um den Flug zu bezahlen? Genau, Geld! Woher bekommen Sie das Geld? Nein, Sie kleines Trottelchen: nicht durch Lottospielen! Das schaffen nur Glückspilze. Alle andere bekommen Geld für ihre Arbeit. Noch Fragen, warum Sie morgens weiter brav in die Arbeit gehen sollten?

Aber Scherz beiseite: Wenn es sich einrichten lässt, sollten Sie sich zwei bis drei Tage freinehmen. So mindern Sie auch das Risiko, dass Ihre männlichen Kollegen aus Versehen Opfer Ihrer Rachegelüste werden.

Körper: Das oberste Gebot lautet: nicht gehen lassen! Das fängt schon bei Ihrem Job-Outfit an. Kennen Ihre Kollegen Sie als gestylte Erscheinung, erschrecken Sie die Lieben nicht mit einem sackähnlichen Gewand. Reißen Sie sich zusammen. Denn stimmt die Fassade, bleiben Sie wenigstens von nervigen Fragen und neugierigem Aushorchen verschont. Und warum jetzt nicht die Gelegenheit nutzen und beruflich richtig durchstarten? Bündeln Sie Ihre Ex-Energie und lassen Sie bei Ihrem Boss durchblicken, dass Sie gerne ein paar Karrierestufen höher stehen würden.

Achtung Entzugserscheinungen!

Ja, let's talk about Sex, baby, und wie Sie möglichen Entzugserscheinungen vorbeugen können.

Kopf: Knutschende Paare, Händchen haltende Verliebte, dickbäuchige Schwangere – irgendwie scheint es noch mehr von ihnen zu geben, seitdem Sie Single sind. Alle grabbeln sich an, machen miteinander herum, und das auch noch in der Öffentlichkeit.

Kein Wunder, dass Sie in Ihrem Kopf die drei Buchstaben S, E, X sehen, die nun um ihre gemeinsame Existenz bangen. Aber bitte, es ist zu früh, um ins Zölibat abzuwandern. Das wissen Sie hoffentlich am besten. Überlegen Sie, welchen netten Mann Sie in letzter Zeit kennen gelernt haben: War da nicht erst vor kurzem der freundliche Blumenverkäufer? Was ist mit dem alten Jugendfreund aus Ihrem Heimatort? Kurz: Welche geheimen Verehrer mussten Sie bislang vertrösten? Nun können Sie auf Prinzipien und Pflichtgefühl pfeifen und sich ganz Ihren Vorstellungen hingeben. Es reicht das Wissen, begehrt zu sein. Schon das stärkt Libido und Selbstwertgefühl.

Körper: Den Handarbeitsunterricht kennen wir doch noch aus der Schulzeit. Auf Dauer natürlich nicht wirklich eine Alternative, aber davon redet ja auch keiner. Zur Abwechslung ist ein Bad in dem süßlich-exotischen Duft des Ylang-Ylang-Öls zu empfehlen. Nehmen Sie maximal vier Tropfen des Öls, es wirkt stimulierend, euphorisierend und ist allemal empfehlenswerter als ein unbedachter One-Night-Stand.

Achtung Rückfallgefahr!

Was können Sie tun, wenn die negativen Seiten Ihres Ex zu verblassen beginnen? Wenn Sie plötzlich denken, er wäre doch „The one and only“.

Kopf: Rufen Sie sich ins Gedächtnis, was in der Vergangenheit passiert ist. Machen Sie sich zum Beispiel eine Liste mit den unmöglichsten Sätzen, die er zu Ihnen gesagt hat. Dazu gehören Aussprüche wie „Hast du zugenommen?“ oder „Sitzt deine Hose enger?“ Denken Sie auch an peinliche Situationen mit ihm, gehen Sie abermals die Mackenaufzählung durch (siehe ein paar Seiten zuvor) und fragen Sie Ihre Freundinnen, was sie schon immer an Ihrem Ex auszusetzen hatten. Die werden sich freuen, endlich mal Klartext reden zu können und dabei nicht ein Gegenüber mit rosaroter Brille vor sich zu haben.

Körper: Zitronen sind Ihre Rettung. In der Aromatherapie wird das ätherische Öl der Zitrone als Stimmungsaufheller eingesetzt. Es erfrischt und – für Sie von Bedeutung – sorgt für einen klaren Kopf. Und da Ihnen dieser scheinbar abhanden gekommen ist, sollten Sie schleunigst abtauchen: für ein Bad drei ungespritzte Zitronen auspressen und den Saft samt Schalen ins Wasser geben. Und da sauer bekanntlich auch lustig machen soll, dürfen Sie mit einem angenehmen Nebeneffekt rechnen.

Achtung Begegnungen!

Sie treffen Ihren Ex zufälligerweise in der Kneipe, auf der Straße, im Kaufhaus …

Kopf: War er schon immer so dick? Hatte er auch damals diesen Berg an Schuppen auf der Schulter? Das sind doch X-Beine, oder? Und tatsächlich, die Freundinnen hatten Recht: Das ist kein Silberblick, sondern ein klarer Fall von Schielen.

Es gibt bestimmt Etliches, das Sie ihm einfach durchgehen ließen. Jetzt aber nicht mehr. Machen Sie die Augen auf und konzentrieren Sie sich auf das Negative. Sammeln Sie fleißig Minuspunkte für ihn und speichern Sie diese im Hinterkopf ab. Bei einem unverhofften Wiedersehen verhilft dies zu klarer Sicht und einem ebensolchen Denken.

Körper: Brust raus, Bauch rein, gerade hinstellen, nett lächeln und brav „Guten Tag" sagen – so wie es Ihnen schon in der Kindheit beigebracht wurde. Das Gelernte sollten Sie anwenden, mehr aber auch nicht. Halten Sie sich an einen Sicherheitsabstand von etwa 30 Zentimetern und betreiben Sie ein wenig Smalltalk.
Auf keinen Fall sollten Sie im Moment des ersten Wiedersehens:
- ihn um einen flotten Dreier bitten,
- nervös an Ihren Nägeln knabbern,
- ihm schluchzend um den Hals fallen,
- Alzheimer vortäuschen und ihn erst gar nicht wahrnehmen,
- sich als die Non-Plus-Ultra-Braut anpreisen,
- nach den Sexgewohnheiten seiner Neuen fragen,
- sich übergeben,
- in alten Erinnerungen schwelgen,
- stottern,
- ihm großartige Komplimente machen,
- einen Orgasmus simulieren, geschweige denn einen haben,
- in Ohmacht fallen,
- auf die Knie sinken und ihn um eine zweite Chance bitten,
- ihm einen Zungenkuss geben,

- einen Flachmann hervorholen und erst einmal einen Schluck trinken,
- gemeinsames Sexspielzeug zurückfordern,
- an seinem Hosenschlitz rumfummeln.

Die zweite Variante von Begegnungen der unangenehmen Art: Sie treffen ihn mit seiner Neuen!

Kopf: Es ist nicht zu übersehen, sie hat Falten, einen dicken Po, schiefe Zähne, und schau mal einer an: Sie hat ja auch X-Beine. Ein tolles Paar! Die beiden haben einander verdient.

Solch ein Denken mag ein wenig unfair sein, aber war Ihr Ex fair? Versuchen Sie erst gar nicht, die unparteiische Frau mit Sportsgeist zu mimen. Genießen Sie Ihren Erfolg: Sie sind ihn los und Ihre Geschlechtsgenossin steht offensichtlich auf Masochismus. Etwas anderes in Erwägung zu ziehen wäre reine Gedankenverschwendung.

Körper: Auch wenn Ihr Blut in Wallung gerät und Ihr Gesicht aus irgendeinem Grund von einer plötzlichen Röte überzogen wird – lassen Sie es sich nicht anmerken. Erwähnen Sie beiläufig, dass Sie vom Sport kommen und demnach völlig außer Atem sind. Was Sie nicht tun dürfen, entnehmen Sie bitte der Liste auf Seite 214.

Die dritte Variante: Sie begegnen seiner Neuen alleine beispielweise auf der Straße oder im Bus.

Kopf: Wie heißt es so schön: „Was ich nicht weiß, macht mich nicht heiß!" Beschäftigen Sie sich also erst gar nicht mit einer Frau, die nicht zu Ihrem Leben gehört. Versuchen Sie es wenigstens …

Sie schaffen es nicht? Dann gehen Sie mit neutralen Gedanken an die Sache heran. Vielleicht schreibt die Neue gerade im Auftrag einer feministischen Gruppierung eine Arbeit über „Männer – nichts als Mistkerle" und nutzt Ihren Ex nur als Studienobjekt. Oder sie ist eine außerirdische Spionin und soll sich um die „Ausrottung der Arschlöcher in Menschengestalt" kümmern. Wie auch immer: Machen Sie sich keine ernsthaften Gedanken über die Gute.

Körper: Den Rückfall in die Kindheit bitte nur auf besagtes Brust raus, Bauch rein und die Freundlichkeit beziehen, nicht aber plötzlich mit Versteckspielen anfangen. Auch kleinere Boxspiele sind tabu, ebenso der Schulpausenfüller „Füße treten". Apropos: Sie dürfen zwar an alles denken, doch unter keinen Umständen sollten Sie:

- diese Person vor ein Auto schubsen,
- sie nach ihren Sexvorlieben fragen,
- ihr die Augen auskratzen,
- ihr auf den Busen glotzen,
- sie fragen, was sie die Stunde so nimmt,
- sie um eine Lesbennummer bitten, bei der er zuschauen darf,
- ihr einen Dolch in den Rücken rammen,
- mit ihr über Onanietechniken plauschen,
- ihr an die Gurgel springen,
- sie anspucken,

- ihr Geld dafür bieten, dass sie ihn verlässt,
- in ihrer Tasche rumwühlen,
- ihr gegen das Schienbein treten.

Sollten Sie das Vergnügen haben, Variante vier der Begegnungen zu erleben, dürfen Sie laut lachen. An Ort und Stelle, egal ob die Umstehenden Sie für verrückt halten. Aber das ist doch auch zu komisch … Variante vier, was die wäre? Sie sehen seine Neue mit einem anderen Typen in einer eindeutigen Situation.

Achtung Mutter!

Das Telefon klingelt und am anderen Ende ist seine Mutter.

Kopf: Weiß sie es? Weiß sie es nicht? Soll ich es sagen? Soll ich es nicht sagen? Wahrscheinlich werden Sie genau in diesen Sekunden, in denen Sie noch überlegen, bereits über den Wissensstand der älteren Dame informiert. Möchte seine Mutter nur mal schnell das Rezept für den Käsekuchen von Ihnen, erfüllen Sie der Frau den Wunsch und gut ist. Kriegt die Stimme am anderen Ende aber so einen leicht wimmernden Ton und erkundigt sich die Anruferin mit zittriger Stimme nach Ihrem Wohlbefinden, so ist klar: Sie weiß es. Sie weiß es und ist erschüttert. Zerstört der Traum von Enkelkindern – zumindest vorläufig –, keine Heirat, keine große Feier für die ganze Nachbarschaft und überhaupt: Wie konnte das denn eigentlich nur passieren? Ihr Junge ist doch immer so lieb?!

Körper: Genauso, wie Ihre Kindheit der Vergangenheit angehört, sind Sie aus dem Teenageralter raus. Lassen Sie also das Spielchen „Falsch verbunden“ und ahmen Sie nicht das Besetztzeichen nach. Auch sollten Sie nicht „Wer bitte, wer ist da? Ich versteh Sie nicht …“ in den Hörer brüllen. Ältere Menschen sind nicht zwangsläufig schwer von Begriff oder schwerhörig. Bleiben Sie souverän. Es handelt sich hier um unbeteiligte Dritte, und die werden gemäß den goldenen Regeln für Rache verschont. Warten Sie ab, ob es um Käsekuchen oder doch eher Enkelkinder geht, und sagen Sie seiner Seniorenschaft, dass ihr Sohn nicht da ist.

Treffen Sie seine Eltern auf der Straße, grüßen Sie nett und wünschen Sie ihnen einen schönen Tag. Ältere Menschen mögen Höflichkeiten, und so werden Sie den Herrschaften als brave Wunsch-Schwiegertochter im Gedächtnis bleiben und allseits – auch gegenüber seiner Neuen – gelobt werden.

Let’s Party!

Zu guter Letzt noch zu einer wichtigen Sache, die Sie parallel zu Ihren Rachegelüsten und dem Meistern des Alltags dringend organisieren sollten: eine Party!

Schließlich haben Sie etwas zu feiern. Sie sind diesen Mann los! Zelebrieren Sie die Geburt Ihrer Erkenntnis, stoßen Sie lachend auf das Kreuz mit den Männern an und preisen Sie Ihre Auferstehung. Nun heißt es Einladungen schreiben, an die besten Freundinnen, an nette Arbeitskolleginnen und nette Nachbarinnen. Und wenn die dann nette Männer kennen – mitbringen! Denn wie erwähnt: Es ist zu früh, sich den Keuschheitsgürtel umzuschnallen und als Neutrum sein Dasein zu fristen. Dann geht’s zum Einkaufen, Bowle machen, Salat schnippeln, Bad putzen, Staub wischen,

Baguette schneiden und zu guter letzt etwas Schickes aus dem Kleiderschrank hervorholen. Was vergessen? Stimmt! Sollte Sie an diesem Abend ein Mann ansprechen, und das wird natürlich der Fall sein, nehmen Sie nicht gleich die „Alle-Männer-sind-Schweine"-Haltung ein. Besinnen Sie sich auf Smalltalk, denken Sie brav an Adams Rippe, der auch Sie Ihr Dasein verdanken, und zeigen Sie sich Ihrem Gegenüber mit einem charmanten Lächeln erkenntlich.

Und wer weiß? Möglicherweise ist der Kater nicht das einzige männliche Etwas, mit dem Sie am nächsten Morgen aufwachen …

Erste-Hilfe-Stationen für Rächerinnen

Küchenschaben bringen jeden Etepetete-Saubermann zum Schreien. Ein lauter Furz mitten im Job-Meeting treibt nicht nur einem Business-Boy die Schamesröte ins Gesicht. Und ständiges Jucken lässt gute Freunde und neue Frauen wie von selbst auf Distanz gehen. Wie schön, genau das, wovon eine Verfechterin der Gerechtigkeit träumt. Nur woher all die kleinen, fiesen Mittelchen nehmen, die solchen Schabernack wahr werden lassen?

Zum Glück gibt es in ganz Deutschland Menschen, die Ihre Gelüste kennen und Ihnen gerne behilflich sind. Natürlich verlangen sie für Ihre Dienste ein bisschen Geld, doch es ist gut investiert. Stellen Sie sich nur vor, wie Ihr Ex sich genüsslich eine Pfefferpraline einwirft und danach erst einmal das Würgen kriegt. Oder wie er den Bierkrug zum Mund führt, das Ding unüberhörbar rülpst und alle denken, er war es.

Im Folgenden finden Sie die Adressen einiger Scherzartikel-Shops. Einige bieten ihr Sortiment über das Internet an, die anderen können Sie selbst besuchen und die eine oder andere Gemeinheit schon einmal vor Ort antesten.

Onlineshops

www.racheshop.de

Wunderbar ist das Wässerchen, das einen Brechreiz auslöst. Oder die Schuppen aus der Dose, das Furzspray und Juckpulver, schäumender Zucker oder die Rußkarten. Der Racheshop macht seinem Namen alle Ehre, und bei Pfefferpralinen, sauren Erdnüssen oder blaufärbenden Bonbons vergeht dem gierigen Süßigkeitenfanatiker ziemlich schnell der Appetit. Außerdem im Angebot sind Sex-Scherzartikel – super: die Mini-Kondome, am besten im Beisein von Freunden überreichen – sowie Zähne, Masken und Perücken.

www.scherzartikel-shop.com oder www.scherzartikel-shop.de

Statt Viagra einzuwerfen, wird hier empfohlen, das gute Stück mit einer XXS-Hantel zu trainieren. Diese gibt es dann natürlich zu bestellen, genauso wie einen Penis auf Rädern oder XXL-Kondome. Neben allerhand Sex-Scherzartikeln (wunderbar für den Potenzprotzer) sind im Sortiment aber auch ekelige Leuchtmaden, aufziehbare laufende Körperteile, Knochenkugelschreiber, Riesenohren, Hasenzähne usw.

Wer in der Nähe des nordrhein-westfälischen Ortes Stolberg bei Aachen wohnt, kann direkt in der „Schatzinsel" vorbeischauen. So heißt das Geschäft, das die überaus nützlichen Geschenke auf Bestellung verschickt.

Hier die Anschrift:

Schatzinsel e. K.
Sonnentalstraße 3
52222 Stolberg
Telefon: 0 24 02/8 32 24
Fax: 0 24 02/8 65 46 20

www.horror-institut.de

Schaurig-schön, aber beileibe nichts für zart besaitete Gemüter: Denn hier gibt es verfaulte Gebisse, blutige Finger in Einmachgläsern, Pizza mit Körperteilen, sexy Leder-Batgirl-Kostüme, gruselige Masken, Alienfiguren und vieles mehr zu bestellen.

www.dadashop.de

Los geht's: Korkenzieher mit Linksgewinde, Pupshosen, Niespulver, Knall-Hundehaufen, Fisch- und Senfbonbons, Handschellen, Pupskissen mit Fernbedienung, Blutspritzen, Lachspiegel, Ratten und Ameisen (natürlich aus Plastik, aber täuschend echt), Peniskerzen, Rülpskrüge, nicht zerreißbare Zuckertüten – nein, Stopp! Es würde wirklich zu lange dauern, die ganze Warenpalette dieses Online-Ladens aufzuzählen. Lieber selbst reinklicken, stöbern und nicht von dem merkwürdigen Namen „dadashop" irritieren lassen.

www.sw-scherzartikel.de

Für Vertretertypen oder Raucher genau das richtige Rachemittelchen: Kugelschreiber oder Feuerzeuge, die erst einmal einen Mini-Elektroschock an ihre Benutzer schicken. So etwas kann auf dieser Seite geordert werden, genauso wie Sex-Scherzartikel.

Ladengeschäfte

Weitere Adressen und ein kleiner Tipp: einfach einmal in einen Jonglierladen hereinspazieren. Die Geschäfte führen außer den üblichen Gebrauchsgegenständen für Artisten oftmals auch Scherzartikel.

Der Verrückte Laden
Bürgerheimstraße 19
10365 Berlin (Lichtenberg)
Telefon und Fax: 0 30 /57 79 52 38
www.der-verrueckte-laden-berlin.de
Inhaberin Ursula Weise weiß, was andere ärgert. Darum verkauft sie seit 1990 Knoblauchbonbons, Pfefferpralinen, Kothaufen, Tinten- und Brandfleckflüssigkeit, Rußseife, Lachsäcke und andere Sachen, die das Herz einer Rächerin begehrt.

Crazy World Shop
Neusser Tor 17a
40625 Düsseldorf
Telefon: 02 11/2 92 67 30
www.crazy-world-shop.de
Wenn plötzlich aus der Toilettenspülung rotes Wasser sprudelt, dann liegt das wohl an einem Einkauf beim Crazy Shop in Düsseldorf. Solche Verursacher gehen hier über den Ladentisch, ebenso Knalleinlagen für Zigaretten, Theaterblut, Pupskissen, Chilibonbons, Schokolinsen mit Paprikageschmack, Furzspray usw.

Killefitz Bernd Mittelstädt
Siemensstraße 3
40227 Düsseldorf
Telefon: 02 11/3 84 08 88
Fax: 02 11/3 84 08 89
www.killefitz.de
Neben allerhand Zauberkram führt Inhaber Bernd Mittelstädt auch Scherzartikel wie Furzkissen, Knallteufel und Klapperschlangeneier. Am Besten schauen Sie einfach einmal auf der Homepage nach, ob das richtige Hilfsmittel für Ihren Vergeltungsschlag vorhanden ist.

BallaBalla GmbH
Zülpicher Straße 39
50674 Köln
Telefon. 02 21/9 23 12 45
Fax: 02 21/9 23 15 46
www.ballaballa.de
Außer etlichen anderen Dingen gibt es hier auch zum Beispiel kleine Küchenschaben, Gummieier und besonders gut: Spinnennetze – bei Bedarf auch gleich mit den passenden Tierchen. Wer nicht in Köln lebt, kann online den Warenkorb füllen.

Kinkerlitzchen Shop Lingen
Am Markt 3–5
49808 Lingen
Telefon: 05 91/9 15 11 65
www.kinkerlitzchen.de
Denkste! Lassen Sie sich bloß nicht täuschen. Vollgerotzte Taschentücher, bittere Kirschbonbons, Knalleinlagen für die Klobrille, aber auch Elektrofeuerzeuge fallen wohl kaum unter die Kategorie des Ladennamens. Vielmehr jagen sie Ihrem Ex einen ordentlichen Schrecken ein.

Pappnase & Co.
Grindelallee 92
20146 Hamburg
Telefon: 0 40/44 97 39

Leipziger Straße 6
60487 Frankfurt am Main
Telefon: 0 69/70 94 93

Kreuzstraße 21
80331 München
Telefon: 0 89/4 48 17 71
www.pappnase-co:de

Igitt! Küchenschaben, Kothaufen, Juckpulver, Pseudo-Bohrmaschinen, Latexhühner oder eine Zigarette und Brandlochaufkleber – in diesen Shops finden sich allerhand fiese Überraschungen. Wer nicht in Hamburg, Frankfurt oder München wohnt, kann den Pappnasen & Co. auch im Internet einen Besuch abstatten und nach einem geeignete Geschenk für den Ex suchen. Geben Sie auf der Website das Suchwort „Scherzartikel" ein und los geht's!

Stichwortverzeichnis

E

F

G

H